T0036862

LOS ANGELES
INSÓLITA Y SECRETA

Félicien Cassan y Darrow Carson
Foto de portada: Finn Skagn

EDITORIAL JONGLEZ

Guías de viaje

Félicien Cassan es un periodista francés afincado en Los Ángeles desde 2013. Ha trabajado principalmente para *Le Monde*, *L'Express*, *Slate* y *CANAL+*.

Darrow Carson nació en California y creció recorriendo el mundo con su padre. De adulto, regresó a su tierra natal, donde se convirtió en guía turístico tras trabajar varios años en Walt Disney Studios. Comparte con sus clientes y con los locales su pasión por Los Ángeles, ciudad con incontables tesoros escondidos.

Ha sido un verdadero placer para nosotros elaborar la guía *Los Ángeles insólita y secreta* y esperamos que, al igual que a nosotros, le sirva de ayuda para seguir descubriendo aspectos insólitos, secretos o aún desconocidos de la ciudad. La descripción de algunos de los lugares se acompaña de unos recuadros temáticos que mencionan aspectos históricos o cuentan anécdotas permitiendo así entender la ciudad en toda su complejidad.

Los Ángeles insólita y secreta señala los numerosos detalles de muchos de los lugares que frecuentamos a diario y en los que no nos solemos fijar. Son una invitación a observar con mayor atención el paisaje urbano y, de una forma más general, un medio para que descubran nuestra ciudad con la misma curiosidad y ganas con que viajan a otros lugares...

Cualquier comentario sobre la guía o información sobre lugares no mencionados en la misma serán bienvenidos. Nos permitirá completar las futuras ediciones de esta guía.

No duden en escribirnos:
• Editorial Jonglez
  25, rue du Maréchal Foch,
  78000 Versailles, Francia
• E-mail : info@editorialjonglez.com

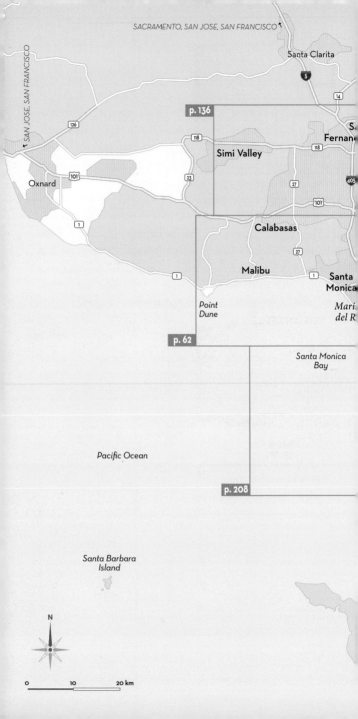

p. 136

p. 62

p. 208

SACRAMENTO, SAN JOSE, SAN FRANCISCO

SAN JOSE, SAN FRANCISCO

Santa Clarita

Simi Valley

S. Fernan

Oxnard

Calabasas

Malibu

Santa Monica

Point Dune

Mari del R

Santa Monica Bay

Pacific Ocean

Santa Barbara Island

N

0   10   20 km

p. 164

p. 10

Angeles National Forest

Burbank

Pasadena

Los
Feliz

verly
Hills

Downtown

El Monte

Ontario

PHOENIX

LOS ANGELES

s Angeles
ernational Airport

ondo
each

Rancho
alos Verdes

Long Beach

Seal
Beach

Port of
Los Angeles

Point
Fermin

Huntington
Beach

Newport
Beach

Laguna
Beach

Dana
Point

SAN DIEGO

Santa Catalina
Island

Avalon

ÍNDICE GENERAL

Downtown

De Los Feliz a Malibu

Valle de San Fernando

ÍNDICE GENERAL

Pasadena y el Este

Sur de L.A.

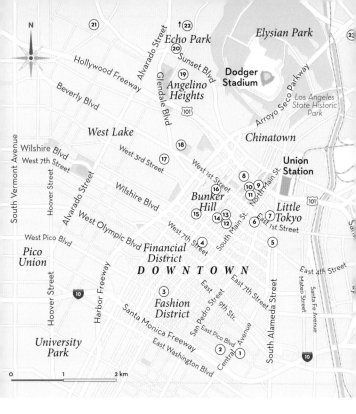

Downtown

EL "TRANSATLÁNTICO" COCA-COLA

El buque insignia de la marca de refrescos, bien protegido desde 1939

Coca-Cola Building
1200-1334 South Central Avenue
Visible desde la calle

Diseñado por Robert V. Derrah, el Coca-Cola Building, planta embotelladora que sigue en activo y está protegida cual cárcel federal, es una joya de la arquitectura aerodinámica (en inglés, *Streamline Moderne*). Ubicada enfrente del Museo de los Bomberos Afroamericanos (ver pág. 14), la estructura blanca, roja y negra es, desde 1939, el buque insignia de la famosa marca de refrescos originaria de Atlanta, que posee varios edificios en este barrio bastante desértico.

Ojos de buey, puentes, escotillas, remaches, chimenea... todos los elementos de un auténtico barco a vapor conforman esta joya inesperada, con aspecto de solar industrial, que solo se puede ver desde la calle y donde es muy raro ver turistas o gente local...

Cabe señalar que no hay que confundir este sorprendente edificio con el otro "Coca-Cola Building" del Downtown de Los Ángeles, a saber, la antigua sede californiana carente de carácter situado en 4th Street y Traction Avenue (en el Arts District), y transformada desde 2017 en centro comercial y edificio de oficinas. Aunque el barrio está muy animado, con sus bares y sus restaurantes de moda, su apariencia es de lo más banal. El "transatlántico", sin embargo, merece claramente una visita.

Crossroads of the World
(+1) 323 463 5611

Otra joya de hormigón, coronada por un globo terráqueo y ubicada en 6671 Sunset Boulevard, es coetánea al Coca-Cola Building, y no sin razón. Es obra de la imaginativa mente del mismo arquitecto, Robert V. Derrah, que la diseñó en la misma época (1936). El edificio, considerado en aquella época como el primer centro comercial al aire libre de Estados Unidos, se parece también a un barco, rodeado de un *village* que antaño albergaba varias tiendas. Hoy, unas oficinas privadas ocupan este lugar, pero se puede visitar durante la semana. Este "cruce de los mundos", muy "cinegénico", tiene incluso su copia a tamaño real en la entrada del complejo turístico Walt Disney World de Florida.

EL MUSEO DE LOS BOMBEROS AFROAMERICANOS

Unos auténticos héroes, discriminados durante mucho tiempo

African American Firefighter Museum
1401 South Central Avenue
(+1) 213 744 1730; aaffmuseum.org
Martes y jueves de 10 a 14 h, domingo de 13 a 16 h
Se recomienda llamar antes para informar de su visita
Entrada gratuita hasta 10 personas, más allá, se requiere una contribución

Es un precioso parque de bomberos pintado de gris, al sur de Downtown, en una zona de barrio desierta y bastante poco acogedora. En su fachada, dos bomberos dibujados vigilan colocados delante de un pequeño cañón de agua de 1912. La particularidad de este lugar no llama la atención enseguida si no se lee con atención la placa que acompaña al dibujo: los orgullosos bomberos en cuestión son negros, ¡y este parque fue segregado entre 1924 y 1955!

Convertido en museo y declarado monumento histórico, el parque número 30 describe en la actualidad la llegada de los bomberos afroamericanos que llevaron a cabo no solo actos heroicos sino también luchas contra las discriminaciones sufridas (desde el aislamiento físico hasta las tareas más ingratas, pasando por la imposibilidad de conseguir ascensos a lo largo de sus carreras). Los uniformes, vehículos y objetos antiguos que aquí se exponen, aunque son interesantes, no son tan emotivos como las historias y fotos que muestran el mal de una época. Un buen ejemplo de ello es que el parque de bomberos 30 estuvo primero en Westlake North y lo trasladaron "fuera del alcance de la vista" en 1924, cuando al distrito escolar, que preveía la construcción del Belmont High Scholl, le preocupaba la influencia de una "potestad negra" sobre los alumnos. Hubo que esperar a 1956, bajo el impulso de Arnett Hartsfield (un pionero, fallecido en 2014), para que los parques 14 y 30 se integraran a Los Angeles Fire Department (LAFD), no sin cierta oposición.

El museo, inaugurado en 1997, tenía pensado celebrar el centenario de la llegada de los primeros negros a las filas de los soldados del fuego en 1897, pero Los Angeles Times descubrió más tarde la existencia de Sam Haskins, primer bombero afroamericano que tuvo la ciudad en 1888. El museo, único establecimiento de este tipo en Estados Unidos, rinde homenaje a los bomberos negros del país entero, en especial a los que estuvieron trabajando el 11 de septiembre de 2011 en Nueva York.

Con pocas visitas, el museo ha pasado últimamente por ciertas dificultades económicas, por lo que es importante ir a rendirle homenaje previa llamada telefónica, para avisar de su visita y para estar seguro de que le atienden cuando vaya.

Otro museo de bomberos

Los Angeles Fire Department también tiene su propio museo, en pleno centro de Hollywood (LAFD Museum, 1355 North Cahuenga Boulevard), en el antiguo parque de bomberos 27. Solo abre los sábados y lo gestionan bomberos jubilados que hacen ahora de guías voluntarios, y es lógicamente mucho más completo en cuanto a objetos de colección y da una visión general de este famoso servicio. Pero no tiene el encanto secreto del parque 30.

MUSEO DE LAS FAROLAS HISTÓRICAS

"Le han dado este color tan particular a la ciudad"

Streetlight Museum
1149 South Broadway
bsl.lacity.org/museum.html
Museo abierto un día al mes (visitas guiadas de 10 a 10:30 h únicamente)
Para reservar (obligatorio), enviar un correo electrónico a bslmuseum@lacity.org
indicando nombre y apellidos, e-mail, número de teléfono y fecha de preferencia
para la visita (consultar en la web los días de apertura)

¡Curiosidad absoluta! Normalmente, visitar un museo que gestiona el Departamento de Obras Públicas no es algo muy atractivo. Sin embargo, esta minúscula sala de exposiciones narra con sencillez la historia de unos personajes inmóviles muy importantes de esta ciudad: las farolas.

Gracias a ellas L.A. se viste de ese color cálido y tan particular que oscila entre el verde pálido y el naranja dorado cuando cae la noche, y luego de ese amarillo tan reconocible, cuando ya es de noche.

Un brillo creado por 200 000 bombillas fijadas en postes de estilos muy diferentes que han inspirado a generaciones de cineastas y han hecho fantasear a los cinéfilos.

Nos viene a la memoria sobre todo *Drive* de Nicolas Winding Refn, *Collateral* de Michael Mann, *Chinatown* de Roman Polanski o *Mulholland Drive* de David Lynch. Tantas películas en las que coches y almas perdidas circulan como flujos, atrapados por las alfombras de luz a las que siguen, aturdidos, por las carreteras de la ciudad.

Aunque el destello brillante de las bombillas de LED sustituye poco a poco los famosos halos rosas anaranjados de estas antiguas luces tan "cinegénicas/cinematográficas", aún hay 400 tipos de farolas en Los Ángeles, desde el *art déco* más elaborado hasta las versiones más contemporáneas, pasando por las farolas que recuerdan a las lámparas de gas de finales del siglo XIX y las creaciones *kitsch* de los años 80.

Sin pretensiones ni florituras, el Streetlight Museum organiza visitas guiadas de media hora, una vez al mes, ofreciendo una especie de *best of* de estas míticas farolas que se pueden ver explorando las calles. Como colofón a un paseo con la luz como temática, no se olvide de visitar el Museo del Neón, en Glendale (ver pág. 146).

Unas esculturas pequeñas y alegres sobre los postes telefónicos

2200 Palms Boulevard, Venice

En su búsqueda de la farola perfecta (después de visitar el museo de las farolas), si tiene la oportunidad de conducir entre Culver City y Venice Beach, vaya por Palms Boulevard, ralentice y levante la cabeza. A la altura del número 2200, una docena de pequeñas esculturas metálicas, muy coloridas, le abren el paso. Una guitarra, un gallo, una campana, un robot skater, insectos amistosos... tantas figuras alegres que reciben al visitante en el barrio, a través de sus mensajes de paz.

RÉPLICAS Y HOMENAJES A LA ESTATUA DE LA LIBERTAD

Dos copias (más o menos exactas) y un edificio para Lady Liberty

Lady Liberty Building: 823 Los Angeles Street, Downtown
Saint-Vincent Court: entre Broadway y Hill, en 7th Street, Downtown
LACMA: 5905 Wilshire Blvd, barrio Mid-Wilshire
Ayuntamiento de El Monte: 11333 Valley Blvd, El Monte

En todo el planeta, las copias y réplicas de La Libertad iluminando el mundo, más conocida como estatua de la Libertad (*Statue of Liberty*), homenajean este símbolo tan querido por el multiculturalismo estadounidense, e indirectamente la obra de Auguste Bartholdi, escultor francés de este monumento portador de esperanza, cuya estructura interior diseñó Gustave Eiffel.

Desde China hasta México, de Japón a Argentina, pocos son los países que no han comprado su trozo de libertad, aunque alcancen rara vez los monumentales 93 metros de altura del edificio original, que Francia regaló a Estados Unidos y que preside orgulloso Liberty Island, Nueva York, desde 1886 (25 millones de visitantes al año). El Smithsonian, organismo de investigación y conservación que gestiona los museos de Washington D.C., asegura que Auguste Bartholdi se habría inspirado en una campesina egipcia que conoció en un viaje para esculpir a Lady Liberty.

Los Ángeles no es una excepción y también tiene al menos tres pequeñas estatuas, de las cuales una es la réplica esculpida por el propio artista, además de una fachada entera dedicada a su símbolo, el Lady Liberty Building. La fachada de este edificio de 1914 se decoró en 1987 con un mosaico gigante de Victor di Suvero y Judith Harper (la obra se titula *Liberty Facing West*), a petición de los propietarios iranoamericanos.

A unos cuantos bloques de ahí, otra copia da la bienvenida al visitante en busca, no de un país-refugio, sino de un lugar donde desayunar, en Saint Vincent Court. En la 7th Street, entre Broadway y Hill, gire a la derecha en una calle sin salida que puede asustar cuando cae la noche (todo está cerrado después de las 18 h) y que alberga durante el día un conjunto de restaurantes mediterráneos con terrazas improvisadas y trampantojos kitsch, en las tierras de la primera universidad de la ciudad, Saint Vincent. Al entrar, a la izquierda, la estatua es inconfundible.

El LACMA (Los Angeles County Museum of Art) custodia la única réplica auténtica de la ciudad, una escultura de bronce de 53 centímetros de alto, firmada por Bartholdi y titulada, como debe de ser, *Liberty Enlightening the World*, se puede ver de forma intermitente.

La única copia del resto de California

El ayuntamiento de El Monte, a 30 kilómetros al este de L.A., puede presumir de poseer la única copia que hay en el resto de California (9 metros de altura, realizada en fibra de vidrio), vigilando su entrada, cual faro.

ESTATUA DE CHIUNE SUGIHARA ⑤

El desconocido Schindler japonés que salvó a miles de judíos

192 S Central Ave
publicartinpublicplaces.info
Metro: Red Line o Purple Line, parada Union Station o Pershing Square

Cuando la Segunda Guerra Mundial estalló en Europa y miles de judíos fueron enviados progresivamente por el régimen nazi de Adolf Hitler a campos de concentración y de exterminio, un vicecónsul japonés destinado en Kaunas, Lituania, entregó visados, a partir del año 1940, a miles de ciudadanos locales y polacos destinados a una muerte certera, haciendo caso omiso a las órdenes de su país de origen.

Nacido en 1900 en la prefectura de Gifu, en el centro de Japón, el diplomático Chiune - Sempo Sugihara llegó en 1939 a Europa del Norte, para vigilar los movimientos de las tropas alemanas y soviéticas en el marco de la colaboración polaco-japonesa.

Cuando las familias judías se vieron claramente amenazadas (a pesar de las mentiras del régimen, que les animaba a quedarse en casa), Chiune Sugihara y su homólogo neerlandés, Han Zwartendijk, empezaron a hacer caso omiso a las órdenes de sus respectivos altos mandos y escribieron con su propio puño y letra documentos que permitieron que 6000 personas viajaran en tren por la Unión Soviética (algo imposible sin visado) para poder llegar a Surinam o a Curazao (colonias neerlandesas), pasando por Japón, en un viaje que duraba diez días. Cada día, dedicaban entre 18 y 20 horas al día a hacer permisos de salida, llegando a elaborar en un solo día la misma cantidad de visados que se sacaban en un solo mes, usando a veces un sencillo papel en el que estampaban un simple sello y que firmaban, de manera totalmente ilegal. Su gesto salvó a miles de personas de las garras de la muerte.

Tras hacer escala en Japón, la mayoría de los refugiados fueron a China, a Australia, a Norteamérica y a Sudamérica, donde se encontraban lo suficientemente alejados de la amenaza nazi durante la guerra. En 1985, Israel honró a Sugihara con el título de "Justo entre las Naciones" por su valentía y su abnegación, dado que su carrera se vio afectada por su espíritu rebelde. Su propio gobierno no le otorgó reconocimiento alguno hasta después de su muerte, en 1986.

La estatua de bronce en pleno corazón de Little Tokyo que conmemora el acto de pura bondad de Chiune Sugihara es tan discreta como grandiosa fue su vida.

Inaugurada en 2002 por uno de sus hijos, la estatua muestra al cónsul sentado en un banco tendiendo un misterioso documento al vacío, y una placa conmemorativa colocada sobre una piedra explica al visitante

curioso los motivos del heroico gesto de este "Oskar Schindler japonés". Encajada entre un Starbucks Coffee y un aparcamiento, mira de frente al Japanese Village Plaza y puede pasar desapercibida si uno no se coloca, con toda lógica, al lado de la entrada. Antes de entrar en el *village* tradicional, cruce South Central Avenue si quiere honrar la memoria de este desconocido "Justo".

JARDÍN JAPONÉS DEL HOTEL HILTON

Un jardín desconocido en el tejado de un aparcamiento

Kyoto Gardens at DoubleTree by Hilton
120 S Los Angeles St
(+1) 213 629 1200
hilton.com/en/doubletree
Abierto todo el año, excepto durante eventos privados
Metro: Red Line o Purple Line, parada Civic Center/Grand Park Station

Los Ángeles tiene una cantidad considerable de jardines japoneses, dada la gran diversidad de culturas que conviven en la ciudad junto con los numerosos espacios verdes, jardines botánicos y otros parques públicos o privados que hay en sus barrios. De la exuberancia de los jardines de la Huntington Library (en San Marino, cerca de Pasadena) a la discreción del jardín Earl Burns Miller (situado en el campus de la Universidad de Cal State, en Long Beach), pasando por las cascadas del South Coast Botanic Garden (Palos Verdes Peninsula), el zen está por todas partes, como en algunos lugares que albergan la belleza de la ceremonia del té, la arquitectura de las casas tradicionales e incluso los jardines secos, compuestos de piedras, gravillas y musgo colocados sobre arena y milimétricamente mantenidos.

Cerca de Little Tokyo, el principal barrio japonés de L.A., el hotel situado en 120 S Los Angeles Street no llama especialmente la atención. Detrás del vestíbulo de acceso decorado a la occidental, se esconde una joya de jardín sobre el tejado del aparcamiento, entre los edificios residenciales y la torre sin encanto del hotel, sin ningún indicio que indique que alberga semejante maravilla.

Estos *Kyoto Gardens*, que ni la agitación de la ciudad ni las estridentes sirenas parecen perturbar, son accesibles a todo el mundo, aunque normalmente la visita está reservada a los clientes del hotel o a los recién casados en busca de planos románticos (aparte de los eventos privados).

El riachuelo y la cascada contrastan maravillosamente con el viejo edificio, el estanque es un modelo ejemplar, un arco espera a los enamorados, y las vistas a los tejados de Downtown son sencillamente insólitas. Una auténtica joya.

Réplica de un antiguo jardín tokiota del siglo XVI construido en honor a un samurái llamado Jiyomasa Kato, es la parada perfecta antes de ir más al sur hacia el auténtico barrio japonés donde coloridas tiendas y restaurantes ruidosos se rifan a los turistas.

LA HIGUERA AOYAMA

⑦

Cien años de alegrías y penas para la comunidad japonesa

152 North Central Avenue
Metro: Red Line o Purple Line, para Union Station

En Little Tokyo, al lado de una de las antenas del museo de arte contemporáneo MOCA, la higuera Aoyama es una higuera centenaria catalogada monumento histórico en 2008 (registro #920, para ser exactos). Este gigante de casi 20 metros de alto presidía, al principio de su vida de arbusto, la entrada de uno de los templos budistas más antiguos de Los Ángeles, Koyasan Daishi Mission, hoy situado a una manzana de ahí, y que el reverendo Shutai Aoyama, un granjero, inauguró en 1909. Esta higuera de la Bahía Moreton (*Ficus macrophylla*), plantada en 1912, ha sobrevivido hace poco a la construcción de un aparcamiento gracias a la Sociedad Histórica de Little Tokyo que logró hacerse oír por la Oficina de Patrimonio. Pero esta no es la única aventura que ha vivido la higuera.

Lamentablemente, las órdenes de detención de la comunidad japonesa, que el gobierno americano llevó a cabo a partir de 1941 tras el ataque de Pearl Harbor, acabaron con el templo. La historia de esta terrible época puede verse a unos pasos de la higuera, en el Japanese American National Museum, situado en la explanada, así como en Manzanar, un campo de detención californiano, hoy lugar histórico nacional, en la autopista 395, entre los parques nacionales de Sequoia y del Valle de la Muerte.

Tras curarse las heridas lo mejor que pudieron a partir de los años 50, los japoneses de Los Ángeles pudieron desarrollar de nuevo su influencia y su cultura abriendo una escuela en el templo, que la higuera, todo poderosa, ha visto prosperar, protegida por la expansión de Little Tokyo.

Símbolo de los miedos y de las esperanzas de los nipoamericanos de L.A., "esta árbol ha vivido todo tipo de experiencias", declaraba Ken Bernstein, jefe de la Oficina de Patrimonio, a *Los Angeles Times*, durante la ceremonia en la que, por fin, le pusieron a la higuera recibió un cerco de protección digno de su tamaño.

EL JARDÍN DE INFANCIA DE LA CATEDRAL OUR LADY OF THE ANGELS

Un arca de Noé para los más jóvenes

555 W. Temple Street
(+1) 213 680 5200
olacathedral.org
De lunes a viernes de 6.30 a 18 h, sábado de 9 a 18 h y domingo de 7 a 18 h
Horarios de misa disponibles en la web
Entrada gratuita
Metro: Red Line y Purple Line, parada Union Station

Aunque las líneas angulosas y asimétricas de la catedral de Los Ángeles (Cathedral of Our Lady of the Angels), inaugurada en 2002, han hecho correr ríos de tinta desde que se construyó (ver más abajo), el jardín de olivos adyacente, salpicado de juegos para niños con forma de animales atrapados en una especie de procesión, es una incongruencia en sí misma. Criaturas hechas de hormigón sobre una estructura de acero imitan el bronce y representan figuras bíblicas sobre las que los más jóvenes pueden divertirse.

Un burro, un mono, un pez, una colmena, un camello, un león... como evocaciones del arca de Noé y de algunos capítulos del Libro del Génesis. En el suelo, pasajes de la Biblia guían al visitante a través de un laberinto que parece haber salido de un cuento, cuyo poder evocador se refuerza con la presencia de la imponente catedral.

Más de 6000 m^2, el equivalente a un edificio de 11 plantas, 68 000 toneladas: las dimensiones de la catedral de Los Ángeles impresionan.

Diseñada por el arquitecto español Rafael Moneo, el edificio posmodernista reemplazó la catedral de Santa Vibiana, tras sufrir serios daños en el terremoto de Northridge en 1994. En la entrada principal, una monumental estatua de Our Lady of the Angels (el nombre original de la ciudad era El Pueblo de Nuestra Señora la Reina de los Ángeles del Río Porciúncula), realizada por Robert Graham, da la bienvenida al visitante.

Una vez dentro, las ventanas de alabastro dejan entrar la espectacular luz que resplandece sobre los tonos predominantemente beis, apenas oscurecida por una veintena de tapices que recuerdan a los frescos italianos. Difamada tras su construcción, la catedral es hoy uno de los emblemas de la renovación de Downtown L.A.

LA ESTATUA DE ABRAHAM LINCOLN CON EL TORSO DESNUDO

"Cuando el decimosexto presidente americano juega a ser modelo"

«Young Lincoln» - United States Courthouse
350 West 1st Street, Los Angeles
cacd.uscourts.gov/locations/first-street-courthouse
(+1) 213 894 1565
Edificio abierto de lunes a viernes de 7 a 18 h

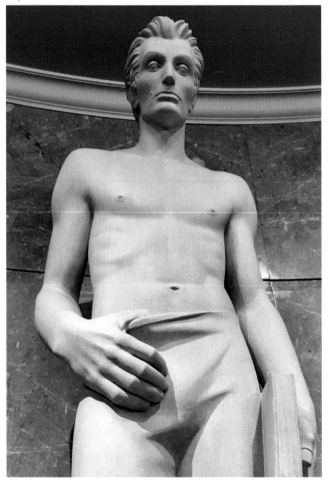

Las estatuas "modernas" que representan a los grandes hombres de Estado del pasado pueden resultar solemnes, impresionantes o emotivas, pero pocas veces resultan... sexis. Al fin y al cabo, no es su función. Instalada en 1941 en el tribunal federal de Los Ángeles, esta representación musculosa y con los abdominales marcados de Abraham Lincoln, con la mano en la cintura del pantalón como un joven modelo seguro de sí mismo, sorprende.

James Lee Hansen, estudiante de arte en la Universidad de Fresno, tenía solo 23 años cuando en 1939 ganó un concurso de escultura que lanzó el gobierno. Y contra todo pronóstico, la audacia de su Young Lincoln fue muy aplaudida en aquella época, sobre todo por la revista *Time Magazine*, que describió su estatua como "el mayor éxito de la escultura moderna".

"Desde el punto de vista escultórico, es mejor montar el cuerpo sin ropa. Por eso no lo vestí", explicaba entonces Hansen para justificar su elección cuando menos original. Y aunque Lincoln sigue siendo el presidente americano más "alto" (1,93 m) y las fotos muestran un hombre más bien enjuto, el escultor se inspiró en su propio cuerpo antes de añadir la cabeza de "Abe". Muy sabio por su parte.

Hoy, gracias a un renovado interés que resurgió en 2019 en las redes sociales, la obra, ahora vista desde el prisma distorsionante de la contemporaneidad californiana (surf, modelos Calvin Klein, revista *Sports Illustrated*...), ha adoptado un nuevo apodo: *Hot Lincoln*. Sin embargo, no es nada nuevo recurrir a antebrazos musculados y a camisas abiertas para representar la rectitud moral y la dura labor de los dirigentes. Sin necesidad de remontarnos a la antigua Grecia, donde este tipo de representaciones eran habituales, en Washington DC se puede admirar un George Washington con el torso desnudo, esculpido por Horatio Greenough en 1841. No sería nada sorprendente saber que fue un escándalo.

Sin duda, para atenuar esta virilidad erigida en símbolo, Abraham Lincoln lleva un grueso libro en sus manos. El honor de la nación está a salvo.

Otros dos Young Lincoln

Al parecer, cuando se trata de representar a un presidente "fuerte" y guiando al pueblo, el cuerpo de Lincoln es en el que más se han inspirado los artistas del siglo XX. En Edgewater y en New Salem, en Illinois, hay otros dos *Young Lincoln*, uno esculpido por Charles Keck en 1945 y otro por Avard Fairbanks en 1954, que lo muestran efectivamente musculoso, con la camisa arremangada y el cabello al viento, y sin barba.

EL TRIFORIUM

*Una instalación artística experimental de triste
recuerdo*

*Fletcher Bowron Square
Temple and Main, Los Angeles, CA 90012
Triforium.la*

A la sombra del Ayuntamiento, en la alto de los caminos fantasmales de Los Angeles Mall, se alza lo que queda del Triforium, una instalación artística experimental creada por el artista Joseph Young en 1975.

Desde lo alto de sus seis plantas y 60 toneladas, la escultura "polifonóptica" visionaria de Young fue entonces una unión insólita entre tecnología y arte público – así como un fracaso dantesco que les costó a los contribuyentes la friolera de un millón de dólares en 1975, y que desde entonces languidece en un estado de decrepitud cada vez más avanzado.

Con el fin de simbolizar el espíritu caleidoscópico de la ciudad, Young ideó un ordenador vintage cuyos detectores traducirían los movimientos de los transeúntes en motivos psicodélicos mezclando sonido, luz y música. El producto final tenía 1494 prismas de vidrio italiano soplado a mano y bombillas sincronizadas con un gigantesco carillón de vidrio de 79 notas (el más grande del mundo) programado para tocar "absolutamente de todo, desde Beethoven hasta los Bee Gees".

Inaugurado el 12 de diciembre de 1975 por el alcalde Tom Bradley, el Triforium se hizo esperar media hora a causa de un problema eléctrico de último minuto – primer problema de una larga lista por llegar.

Aunque Young veía en su obra maestra una "piedra Rosetta del arte y de la tecnología", la opinión pública dio su veredicto incluso antes de ver el Triforium. Desde el primer momento, la prensa y el consejo municipal criticaron la obra con apodos como "la gramola psicodélica", la "escultura kitschnética", o incluso "Tres fúrculas en busca de un pavo".

El carillón ya no está, la mayoría de las bombillas se han fundido, y a pesar de las diversas reparaciones, lo que antaño fue una síntesis de las ambiciones artísticas, cívicas y tecnológicas de L.A., ahora no es más que un enorme palomar.

Retomando las palabras del alcalde: "Esta obra nos pertenece ahora y tenemos que conformarnos. Mejor aún: vamos a tener que aprender a sentirnos orgullosos de ella".

LA GALERÍA DE RETRATOS DE LOS ALCALDES

Los hombres ilustres de la planta 26

Los Angeles City Hall
200 N Spring St
(+1) 213 473 3231
lacity.org
Abierto de lunes a viernes de 8 a 17 h
Metro: Purple Line o Red Line, parada Civic Center/Grand Park Station

En Los Ángeles los alcaldes se hacen desear. El edificio del City Hall (Ayuntamiento), situado lógicamente en Downtown, ya es bastante imponente, pero hay que subir a lo alto de su torre para poder ver los edificios del pasado. Hay que subir veintiséis plantas, algunas andando, y una vez franqueada la majestuosa cúpula de la entrada, ahí está: una galería solemne, con unas vistas únicas y desconocidas de la ciudad, totalmente silenciosa, pero que dice mucho de la historia de L.A.

Lo que obviamente llama primero la atención es la evolución de la demografía californiana. Los alcaldes blancos se sucedieron, desde Alpheus P. Hodges (1850) a Sam Yorti (1961), como una dinastía WASP, antes de que Tom Bradey, el primer alcalde negro, nieto de esclavos tejanos, ganase las elecciones en 1973.

Su reinado, el más largo de la historia de la ciudad hasta ahora, duró veinte años y terminó justo después de los disturbios de 1992. Una estatua de bronce de su busto adorna la entrada de la nueva terminal internacional del aeropuerto de Los Ángeles, que lleva su nombre. Incluso allanó el camino a hombres de descendencia latinoamericana (Antonio Villaraigosa, en 2005, y Eric Garcetti), y la población de Los Ángeles cuenta hoy con una larga mayoría hispánica (47 %).

Hasta ahora ninguna mujer ha logrado obtener las llaves de la ciudad, ya que mientras escribo estas líneas, Eric Garcetti, cuyo retrato aún no está colgado en esta galería, es el alcalde hasta 2022. Cuando el rostro del demócrata adorne la galería, al final de su segundo y último mandato, tal vez el equipo dirigente adoptará una tonalidad aún más inédita.

El edificio más grande del mundo con aislamiento de base

La planta 27 alberga un vertiginoso mirador que ofrece unas vistas muy bien documentadas de los principales puntos de interés de la ciudad. Y cuando esté arriba, no se preocupe porque el Ayuntamiento de Los Ángeles es el edificio más grande del mundo equipado con el sistema de aislamiento de base; un concepto técnico de ingeniería que indica que la flexibilidad lateral es muy importante, es decir, que prácticamente no se mueve y absorbe las ondas de posibles terremotos, incluso en caso de un terremoto de gran magnitud, así que puede disfrutar de las vistas y de la galería de los alcaldes en cualquier circunstancia.

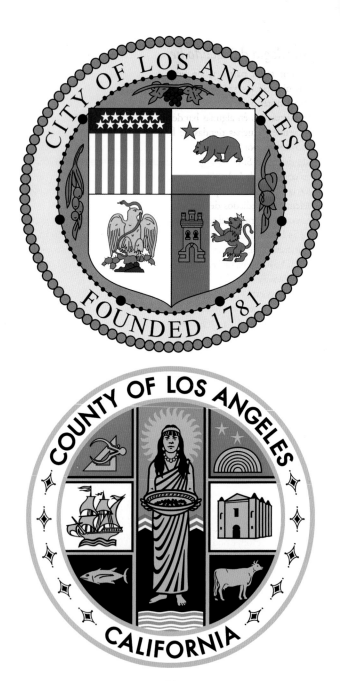

Simbología del escudo heráldico de la ciudad

Está por todas partes y, sin embargo, es prácticamente invisible a los ojos de los visitantes y de los habitantes de la ciudad. Su lúdico misterio está en todos los edificios oficiales, en los de la administración, en algunas banderas, e incluso en algunas golosinas que venden muchas tiendas de la ciudad. El escudo heráldico de Los Ángeles, por muy presente que esté, es bastante difícil de ver y de descifrar. Sin embargo, es en sí mismo la página de historia más completa de L.A. porque la versión de 1905, que sigue vigente, mezcla la ocupación española, la conquista mexicana y la república naciente de mediados del siglo XIX. El león y el castillo provienen del escudo de armas del reino de España, país que gobernó California de 1542 a 1821. El águila, que lleva una serpiente en su pico y está encaramada a un cactus, es el emblema del México que gobernó de 1822 a 1846, fecha de la proclamación de la República de California (cuyo símbolo es el famoso oso en una bandera roja y blanca). Las franjas y las estrellas son una referencia clara y directa a los Estados Unidos, ya que California se sumó a la Unión como un Estado el 9 de septiembre de 1850. Las aceitunas, el racimo de uvas y las naranjas recuerdan la naturaleza local, mientras que el rosario que rodea el escudo es un homenaje a las misiones que el franciscano español Junípero Serra, considerado el padre espiritual del Estado de California, llevó a cabo desde 1769 (en San Diego) hasta su muerte en 1784.

Hubo una versión anterior, utilizada entre 1854 y 1905, que era mucho más sencilla: representaba un simple racimo de uvas rodeado de la inscripción *Corporation of the city of Los Angeles*.

En cuanto al escudo del condado en su conjunto, cuya última versión se remonta a 2014, este rinde tributo a los amerindios con la presencia de una mujer nativa, flotando entre el mar y la montaña, rodeada de seis imágenes: un triángulo, un compás, un galeón español, un atún, el Hollywood Bowl coronado por dos estrellas, el arcángel Gabriel y una vaca, simbolizando cada una de estas imágenes una especialidad o un hecho histórico.

BIDDY MASON MEMORIAL PARK ⑫

Una esclava que se hizo millonaria

333 S Spring St.
Metro: Red Line y Purple Line, salida Pershing Square

En medio de los rascacielos de *downtown*, en una esquina prácticamente abandonada, lejos de las miradas, entre un restaurante italiano y el acceso a una zona de tiendas, unos discretos elementos situados en una esquina del muro dan testimonio de una época pasada y de una vida excepcional. Las fotos en blanco y negro de la fachada de una casa y las contraventanas deslucidas de una ventana reconstruida resultan, en este bosque moderno de cemento y vidrio donde todo el mundo va con prisas, un tanto incongruentes. Pasarían totalmente desapercibidos si no fuera por el fresco de cemento negro, esculpido y con incrustaciones de mármol, que ocupa, al otro lado del pasaje, 25 metros de largo.

Entre estos dos espacios se erguía la casa de Bridget "Biddy" Mason, nacida en 1818 como esclava en Georgia. En 1851, cuando sus propietarios, los Smith, se convirtieron en mormones, se trasladaron con toda su granja desde Misisipi a San Bernardino, pasando por Utah: un periplo de más de 3000 kilómetros, que hicieron andando. En aquella época la esclavitud ya se había abolido en California, pero Robert Smith, que fingió no saberlo, se opuso a la liberación de Biddy, antes de pretender mudarse por enésima vez, esta vez a Texas, para escapar de la ley local. En 1859, Biddy Mason consiguió su libertad y la de otros trece esclavos con la ayuda de un juez federal, a puerta cerrada (en aquella época, los negros no estaban autorizados a testificar contra los blancos en un tribunal).

Ya libre, "tía" Mason, como la llamaban cariñosamente, se hizo enfermera, y luego matrona, antes de fundar la primera iglesia negra metodista episcopal (African Methodist Episcopal Church) y una escuela para los afroamericanos. El parque y el monumento que la conmemoran, obra de Sheila Levrant de Bretteville, son un salto emotivo a la historia en directo desde su primera casa, destruida desde hace mucho tiempo. Relatan la increíble epopeya de esta mujer única, a través de textos cortos explicativos, en el mismo sitio donde su vida dio un giro heroico. Tras ahorrar diez años, la que fuera esclava compró este terreno convirtiéndose así en la primera mujer negra en ser propietaria de una tierra en Los Ángeles. En 1884 vendió una parte del terreno,

en el que construyeron un edificio comercial. Biddy Mason logró amasar 300 000 dólares (6 millones de dólares actuales) y donó su fortuna a múltiples obras de caridad, tras haber ayudado sin descanso tanto a la comunidad negra como a la blanca hasta el día de su muerte, el 15 de enero de 1891. Descansa en Evergreen Cemetery, en Boyle Heights, a cinco kilómetros al este.

LOS DETALLES OLVIDADES DE LA FACHADA DEL MILLION DOLLAR THEATRE

⑬

Cuando el agua y los artesanos de la gran pantalla se encuentran

307 South Broadway
(+1) 213 617 3600
Metro: Red Line, parada Pershing Square

En el apogeo de la edad de oro de Hollywood, había más de 300 teatros en el Downtown de L.A., de los cuales 22 solo en South Broadway. El Million Dollar Theatre (que debe su nombre al dinero que el empresario y *showman* Sid Gauman invirtió en su construcción) está en el número 307. Aunque normalmente, salvo las marquesinas donde se publicitaban las películas y las obras de teatro, la fachada de un edificio que albergaba un cine o un teatro no se distinguía de la de los edificios vecinos (a menudo edificios de oficinas muy básicos), aquí, por el contrario, la fachada entera es testigo de una historia mitológica y de una pasión muy reales, que parecen girar en torno a dos elementos: el agua y el séptimo arte. ¿Por qué las esculturas de las cornisas parecen verter líquido desde el tejado? ¿Qué significan esas cascadas que parecen surgir del arco que corona la entrada? ¿Quiénes son esas "personas" que bailan y se agitan en la segunda planta?

Cuando abrió en 1918, el edificio albergaba las oficinas del *Water Works and Supply*, la empresa pública encargada de la producción y distribución de agua de Los Ángeles. Su ingeniero jefe es el famoso William Mulholland, conocido como el salvador de una ciudad que, si no hubiese sido por él, se habría muerto de sed. Las esculturas le rinden homenaje, dejando caer simbólicamente agua por la fachada, con la bendición de Tétis, diosa del mar cuyo medallón da a la antigua oficina de Mulholland.

Pero el Million Dollar Theatre, al que no le basta con adornar su fachada con mitología, también homenajea, de una manera más terrenal,

al cine: Sid Grauman deseaba por encima de todo que las actrices y actores fuesen venerados y que el público levantase literalmente la mirada al cielo para verlos, en una época en que la profesión de actor estaba mal vista. De hecho, si observas con atención la segunda planta, verás unas estatuas que representan los distintos oficios de la industria cinematográfica: bailarín, músico, técnico, guionista, actor, artista...

La primera alfombra roja de la historia

Grauman también es el primero que tuvo la idea de extender una alfombra roja en los estrenos, un honor históricamente reservado a la realeza. Ironía del destino, poco después de su apertura, el Million Dollar Theatre dejó de proyectar películas y se dedicó a representaciones de músicos.

LAS INICIALES "BPOE" EN EL FRONTÓN DEL ARCO DE ENTRADA DEL FUNICULAR ANGELS FLIGHT

El territorio de misteriosos alces

350 South Grand Avenue
(+1) 213 626 1901
angelsflight.org
Metro: Red Line, parada Pershing Square

Aunque el ferrocarril más pequeño del mundo tiene un éxito increíble desde que volvió a abrir en agosto de 2017, después de varios intentos fallidos tras una serie de incidentes (que el éxito de la película musical *La La Land*, en 2016, ha ayudado a olvidar), sigue habiendo un misterio del que la gran mayoría de los pasajeros del funicular naranja, que sube y baja Bunker Hills desde 1901, ni se han percatado.

En la famosa fachada de estilo Beaux-Arts del arco de entrada que da a Hill Street, frente a Grand Central Market, cuatro letras se integran tono sobre tono en el frontón. Para verlas, levante un poco la vista antes de cruzar el arco y de subirse al funicular.

En la época en que los habitantes de este rico barrio subían con más frecuencia que los turistas al Sinai y al Olivet (apodo de los dos vagones) para ir literalmente a Downtown (a la ciudad de abajo), James Ward Eddy, operador privado, mandó tallar estas misteriosas iniciales en honor a un grupo un tanto especial que vino a reunirse en 1909 en lo alto de la colina en un congreso: la Benevolent and Protective Order of Elks (BPOE), es decir, la Orden Benevolente y Protectora de los Alces, una fraternidad cuya sede en California está en la terminal de Bunker Hill, en la "logia nº 99".

Los miembros de este grupo, que se llaman a sí mismos con cierto toque de ironía los *Best People on Earth* (las mejores personas del mundo), tuvieron entre sus filas al general MacArthur y a los presidentes Eisenhower, Kennedy y Trump. Lo que empezó en 1868 como un club social para artistas de *minstrel* neoyorkinos, los *Jolly Corks*, para paliar la falta de establecimientos públicos abiertos los domingos, se ha convertido en una importante fraternidad con un millón de miembros en el mundo entero y cuya sede está en Chicago.

La logia, que al principio se dedicaba a ayudar a los antiguos combatientes de la Guerra de Secesión, se diversificó en diversas acciones filantrópicas (al igual que el Rotary Club, el Kiwanis Club o el Club de Leones), sin escapar a las polémicas sociales causadas por lo ocurrido en las épocas anteriores. Ahora se aceptan a las mujeres y a las personas de color, pero para pertenecer a esta fraternidad, los potenciales miembros tienen que ser ciudadanos norteamericanos y creer en Dios, entre otros prerrequisitos. Sin embargo, no pertenecer al Partido Comunista ya no forma parte de los criterios exigidos a los candidatos.

Sea como fuere, no hace falta ser miembro de la logia californiana para subir al Angels Flight, convertido en una atracción turística que pertenece a la *Angels Flight Railway Foundation*.

EL WELLS FARGO HISTORY MUSEUM

La conquista del Oeste o la fiebre del oro

333 South Grand Avenue
(+1) 213 253 7166; wellsfargohistory.com/museums/los-angeles
De lunes a viernes de 9 a 17 h
Visitas guiadas gratuitas hasta 10 personas, previa reserva
Entrada gratuita
Metro: Red Line o Purple Line, parada Pershing Square

Fue en 1852 cuando Henry Wells y William Fargo, ambos fundadores de American Express, crearon Wells Fargo & Company, un servicio de correos, de transporte y de entrega/reparto que, a través de la historia, se ha convertido con los años en el tercer grupo financiero americano (y en la quinta empresa más grande a escala mundial).

Aunque su sede social está en San Francisco, el megabanco de hoy, con oficinas en todo el país, posee también doce museos en Estados Unidos, de Denver a Phoenix pasando por Portland o Sacramento. Y aunque son fascinantes, no se conforman con ser simples hagiografías para la gloria del capitalismo, sino que rememoran la loca epopeya de una transformación decisiva que se dio durante la conquista del Oeste: cuando esos trenes llenos de mujeres, hombres y cartas se convirtieron en trenes del dinero durante la fiebre del oro, antes de que el tren cambiara la relación de la población americana con esos grandes espacios infinitos.

El museo de Los Ángeles exhibe una réplica de la diligencia de colores reconocibles (rojo y dorado), fotos de archivo, auténticas pepitas de oro, un telégrafo, herramientas usadas en las minas, y sobre todo cartas, como la del servicio Pony Express: ruta de reparto rápido del correo con caballos al galope que unía Saint-Joseph (Misuri) y Sacramento (California), por la que transitaron durante un tiempo las diligencias de Wells Fargo. Ya solo por los mapas locales de Los Ángeles, que muestran con sumo detalle la evolución de la ciudad, la visita merece la pena.

Las exposiciones destacan asimismo los destinos de aquellas mujeres y hombres que participaron en la fama de la empresa, fueran conductores de diligencias, banqueros o *shotgun messengers*, los transportistas de dinero de la época, a los que asaltaban con regularidad en el camino, antes de que la empresa se volviese sedentaria cuando se transformó en banco.

Hoy, estas diligencias, testigos de una época pasada, hacen su aparición en ferias y eventos especiales, y una transacción tarda un microsegundo en recorrer el planeta (algunas horas en avión para los humanos), ahí donde aquellos transportes tardaban 24 días en cruzar los Estados Unidos de este a oeste. Un cambio de escala impresionante y brutal.

BLUE RIBBON GARDEN

Una rosa para Lilly (Disney)

Walt Disney Concert Hall
111 South Grand Avenue
+1 (323)-850-2000
laphil.com
Metro Red Line o Purple Line, parada Civic Center/Grand Park Station

Aunque el Walt Disney Concert Hall, diseñado por el arquitecto Frank Gehry e inaugurado en 2003, se ha convertido en un símbolo de la ciudad, en su parte trasera, en lo alto, esconde un jardín público desconocido: el Blue Ribbon Garden, un lugar perfecto para comer tranquilos.

Plantas exóticas salpican los caminos de este bucólico parque con algunas mesas colocadas aquí y allá. Una fuente con una forma original llama especialmente la atención. Diseñada también por Frank Gehry y realizada, cual mosaico, con miles de teselas brillantes de cerámica de Delft se llama *A Rose for Lilly*, un homenaje a la pasión de la benefactora Lilly Disney (viuda de Walt) por las rosas y por este material noble. Un poco más lejos, justo antes del pasaje situado entre los muros de acero que nos devuelve a Grand Avenue, hay un mini anfiteatro que a veces acoge alberga representaciones para niños.

Patina, el restaurante de esta sala de conciertos, cultiva en este jardín plantas aromáticas y flores comestibles en pequeñas parcelas. Violetas, romero, hinojo: según la temporada, jardín y plato casan en armonía.

EL PARQUE PARA PERROS DEL TÚNEL ABANDONADO DE BELMONT

Tránsito, tráfico, música... el corazón palpitante de una ciudad desvanecida

Belmont Tunnel, Hollywood Subway
1304 West 2nd Street
Siempre abierto

Muchos años antes de que se construyera el metro moderno en los años 1990, el Belmont Tunnel, al que accedían, al año, 20 millones de usuarios del tranvía, era sin duda el intercambiador más poblado de América. De 1910 a 1950 conectaba las distintas líneas del Pacific Electric Railway, extendiéndose entre el centro de Downtown (en la esquina de 6th Street con Main Street) y Westlake en el oeste.

En la época, estas líneas de tranvía llegaban al Valle de San Fernando,

a Glendale, a Santa Mónica y a Hollywood, anticipando lo que iba a convertirse más tarde en el trazado del Los Angeles County Metro Rail. Entre las dos eras, de 1950 a 1990, reino absoluto del coche particular, el túnel dejó de usarse, un abandono que atrajo a la vida fraudulenta de L.A.

La discreta entrada, ahora tapiada y pintada, situada en 2nd Street y declarada monumento histórico, ha visto su zona de acceso transformarse en parque para perros: una farola banal, un césped sintético y algunos colores que evocan una antigua parada, y ya...

Este trozo de tierra fue sin embargo la cuna de muchos mitos que forjaron el aura cultural de una California despreocupada y misteriosa, mundialmente admirada.

The Running Man, *Predator*, *Reservoir Dogs*, pero también muchos videoclips de grupos icónicos de la región utilizaron la entrada del túnel (y el propio túnel, cuyo acceso ahora está prohibido al público): Black Rebel Motorcycle Club, Warren G, Carlos Santana (para el videoclip *Maria, Maria*), por nombrar algunos: todos eligieron este lugar sin encanto aparente, difícil de encontrar, pero con una atracción magnética.

La historia más conmovedora de este viejo túnel sin vida la escribió el grupo de rock Red Hot Chili Peppers, que rodó aquí en 1991 el videoclip de su canción más famosa, auténtica oda a Los Ángeles: *Under the Bridge*. Se ve a Anthony Kiedis, líder y cantante, deambular en el túnel, cuya boca amenazante se ve a ratos y delante de la cual toca su guitarrista de la época, John Frusciante.

Este *single* de éxito mundial (el mayor éxito de los Red Hot hasta hoy), de su quinto álbum, *Blood Sugar Sex Magik*, narra el descenso a los infiernos y la adicción a distintas drogas del carismático compositor tras morir su novia. La leyenda cuenta que pasaba el tiempo vagando por la ciudad, que compraba sus dosis de droga cerca del Belmont Tunnel, y, sobre todo, que el espíritu de L.A. velaba por él... Esto le permitió escribir este poema (que se iba a convertir en un *hit* gracias al productor Rick Rubin) y dejar atrás su oscuro pasado. "No quiero volver a sentir lo que sentí aquel día", repite el desgarrador estribillo, cantado por un frágil corazón. Una canción única para un lugar especial que merece un homenaje.

También se puede hacer skate sobre esta estructura con el personaje en 3D del célebre Tony Hawk, en el videojuego que lleva su nombre.

VISTA HERMOSA PARK

Un bosque en miniatura en el centro de la ciudad

100 North Toluca Street
(+1) 213 250 3578
laparks.org/park/vista-hermosa
Todos los días de 7 a 19:30 h

La vista más bonita de Downtown, y también la más romántica, es el resultado de un proyecto de rehabilitación de un barrio mayoritariamente latino con un alto índice de pobreza, en el noroeste de las autopistas 110 y 101 que delimitan la entrada al centro de la ciudad.

En 2008, Vista Hermosa Park, remanso de paz ideal para un picnic a pesar de estar cerca del hormigón y acondicionado con distintas rutas de senderismo y un pequeño anfiteatro, fue el primer parque en construirse en más de 100 años cerca del centro de la ciudad.

La Santa Monica Mountains Conservancy y la Mountains Recreation and Conservation Authority unieron sus fuerzas a las de la ciudad y las del distrito escolar unificado de la ciudad (LAUSD) para ofrecer a los habitantes un lugar con riachuelos, rocas, cascadas, praderas y árboles endémicos, y con instalaciones artísticas cuya temática es el medio ambiente: el parque, que se autoabastece de agua, se diseñó basándose en prácticas respetuosas con el medio ambiente.

Sus cuatro hectáreas, ahora lugar favorito de los *runners*, también albergan, justo un poco más abajo, un campo de fútbol con la normativa FIFA que comparten jugadores domingueros y alumnos del instituto Belmont, cuya construcción decidió llevar a cabo el distrito a la vez que el parque.

Pero los primeros usuarios son los de la comunicad local desfavorecida: Vista Hermosa representa, gracias a su variada vegetación, una "puerta de entrada" a la cadena montañosa Santa Monica. Se organizan regularmente salidas al monte o a la playa en transporte gratuito para las familias del barrio.

En una ciudad sin apenas parques, donde la totalidad de espacios verdes están en Griffith Park o en montañas de difícil acceso si no tienes coche, cabe destacar el éxito de este proyecto, que además está situado sobre un antiguo yacimiento petrolífero y una falla geológica. Con dar solo unos pasos, en medio de lo que parece un bosque, uno tiene la sensación de estar a miles de leguas de una ciudad de 4 millones de habitantes.

LA CASA DEL VÍDEO *THRILLER* DE MICHAEL JACKSON

DE MICHAEL JACKSON

Un refugio para escapar de los zombis bailarines

Sanders House
1345 Carroll Avenue
Se puede ver desde la calle

Es seguramente el vídeo más icónico de la historia de la música, un corto de terror de más de 13 minutos de duración que no solo interpreta visualmente una canción brillante, sino que además revolucionó el mundo del videoclip.

Thriller, escrito por Rod Temperton e interpretado por Michael Jackson, tercer sencillo del álbum con el mismo nombre que pulverizó todos los récords de ventas en cuanto salió a la venta en 1982, ya rendía un sincero y maléfico homenaje a muchas películas de miedo.

En cuanto a la parte visual, John Landis, director de la película Lobo hombre en París que la estrella del pop adoraba, fue lógicamente quien se encargó de dirigir esta historia sobre una novia (interpretada por Ola Ray) a la que un chico normal y corriente traiciona dos veces: la primera vez en "la película dentro del videoclip", cuando, tras pedirle a su chica que se case con él, Michael Jackson se transforma en un hombre lobo con aspecto de un enorme gato peludo (las escenas se rodaron en Griffith Park y en dos cines de la ciudad), y una segunda vez en "la vida real", cuando el cantante se convierte en un zombi envejecido para realizar, entre otros, la coreografía más bailada de todos los tiempos: los famosos pasos de Michael Jackson y de sus nuevos amigos de ultratumba, en el barrio de Boyle Heights, son todo un referente al igual que el título.

Al final de esta lenta procesión del terror, en la que la novia se esconde en una casa victoriana abandonada de aspecto amenazante, Michael Jackson la salva de su pesadilla. Aunque las escenas de interior se rodaron en los estudios, se puede ver la casa donde se grabaron los exteriores, que mantiene prácticamente el mismo estado que cuando se hizo el vídeo.

Construida en 1887 por un tal Michael Sanders, que le dio su nombre, se alza orgullosa, aunque bastante deteriorada, en el barrio de Angelino Heights, al norte de Downtown, en una calle de grandes casas de estilo Queen Anne y demás Eastlake, típicas de la época victoriana.

Aunque es una propiedad privada y no se puede visitar, nada le impide detenerse delante si quiere sentir un último escalofrío, sobre todo los días previos a Halloween, cuando su heladora austeridad desentona con las opulentas decoraciones de las casas vecinas.

EL "TIME TRAVEL MART" DE ECHO PARK

Un proyecto de locos y una tienda que recuerda a
Regreso al futuro

1714 West Sunset Boulevard
+1 213-413-3388
timetravelmart.com
826la.org
Todos los días de 12 a 18 h

Gafas para ver lo que el futuro te reserva, "PastPort", huevos de dinosaurio, brazos robotizados, ropa de científico loco, carne de mamut, medicamento contra el mareo para los viajes a través del tiempo, kits de supervivencia en caso de que te ataque una momia, frascos con lenguas muertas: lo has captado, esta tienda, que recuerda tanto a *Regreso al futuro* como el colorido laboratorio de un científico chalado es único en su género. Pero no solo porque venda objetos raros.

Este pequeño "mercado" es efectivamente uno de los disparatados proyectos del colectivo 826LA, la sucursal en Los Ángeles del proyecto 826, creado por el escritor americano Dave Egger (autor, entre otros libros, de la novela *Una obra desgarradora de asombroso genio*), que ofrece programas educativos sobre literatura para alumnos desfavorecidos de entre 6 y 18 años, por toda la ciudad, ayudando así a los profesores en su labor.

Organización sin ánimo de lucro, 826 National nació en 2002 en Valencia, un barrio de San Francisco, de manos de Egger y Nínive Clements Calegari, una educadora convertida en escritora. Desde entonces, su éxito ha llevado a sus fundadores a abrir sucursales en L.A., Nueva York, Chicago, Ann Arbor (cerca de Detroit, en Michigan), Washington D.C., Boston y Nueva Orleans. Sin embargo, como el local original estaba en una zona comercial, la ley local obligaba a 826 a no solo ofrecer cursos gratuitos, sino también a vender cosas...

Entonces se les ocurrió incluir una tienda llena de objetos, cada cual más disparatado, sobre un tema excéntrico con el fin de recoger fondos para los programas de formación.

De este modo, las tiendas de los barrios de Echo Park y de Mar Vista (12515 Venice Boulevard, mismos horarios) están especializadas en el viaje en el tiempo, las de San Francisco en los piratas, la de Detroit en los robots, la de Boston en *Bigfoot* (el equivalente americocanadiense del famoso yeti del Himalaya), la de Washington en la magia y la de Nueva Orleans en los fantasmas. Todas las tiendas tienen una configuración similar: en el escaparate, objetos y recuerdos graciosos junto con una presentación lúdica y una selección consecuente. Y, en la trastienda, el centro educativo de una asociación que ha demostrado su valía. Un regreso a la infancia beneficioso que, además, ayuda a los niños de hoy.

MUSIC BOX STEPS

El lugar de rodaje olvidado de un cortometraje oscarizado de El Gordo y el Flaco

900 Vendome St

Antes de que estuvieran las autopistas, cuando Los Ángeles contaba con una amplia (aunque mediocre) red de transportes, sus colinas eran un auténtico juego de escaleras, un laberinto de escaleras empinadas y calles laterales, que para la gran mayoría siguen siendo perfectamente accesibles. Algunas son más interesantes que otras. En Silverlake, las "Music Box Steps" deben su nombre a *The Music Box* (*Haciendo de las suyas* en español), un cortometraje de "El Gordo y el Flaco" que ganó el Oscar en 1932 y en el que el dúo, cargado con un piano, intenta subir como puede los 133 escalones que separan Vendome Street de Descanso Drive. Adaptación de *¡Arriba sombreros!*, cortometraje perdido de 1927 que se rodó en el mismo lugar, *Haciendo de las suyas* es una de las primeras producciones sonoras de Laurel y Hardy, una comedia en el más puro humor burlesco que no ha envejecido un ápice. Casi un siglo después, lo que más sorprende de esta empinada subida es que no tiene nada de extraordinario: una sencilla escalera de hormigón, con una pequeña placa en su base. Como muchos de los fantasmas de Hollywood, no es más que un elemento de la vida cotidiana enmarcada e inmortalizada con éxito.

Las escaleras escondidas, una institución para todos los deportistas de L.A.

Aunque algunas escaleras, como las del Music Box Staircase, son unas auténticas estrellas de Hollywood, nuestras escaleras secretas favoritas de L.A. son la del High Tower Elevator (ver pág. 80), que ofrecen, como broche final, unas vistas panorámicas increíbles y la sensación de estar solo en el mundo. A veces basta con dar un paseo andando para descubrir unas escaleras que te llevan a las colinas de los alrededores. Salga en busca de sus escaleras preferidas: de Silverlake a Pacific Palisades, de Culver City a Beachwood Canyon, d'El Sereno a Echo Park, pasando por Downtown o Santa Monica, son muchas las opciones para los amantes del senderismo, de los ejercicios cardio o de la exploración urbana. Muchos deportistas motivados se reúnen, mañana y noche y en distintos puntos de la ciudad, junto a alguna escalera exterior, para subir y bajar... a tope. Estos espacios de gimnasio improvisados son a veces difíciles de encontrar, ocultos tras una abundante vegetación, pero merecen la pena el esfuerzo: subirlas suelen esconder a menudo una bonita recompensa en forma de vistas únicas. ¡Preparados, listos, ya!

LAS PLACAS DEL GATO "ROOM 8"

¡Un felino convertido en mito al que los alumnos de un colegio adoptaron durante 16 años!

Elysian Heights Elementary School
1562 Baxter Street, Los Angeles
elysian-lausd-ca.schoolloop.com/room8
Siempre visible desde la calle

E sta historia de un gato callejero adoptado por una escuela elemental podría haber sido de lo más banal, sin embargo, ha pasado a los anales de la historia… Un mito que solo L.A. es capaz de crear.

Aunque el adorable gato falleció en los años 1970, sigue generando una especie de culto en este tranquilo rincón de Echo Park, barrio residencial que ha aburguesado de repente en los últimos años.

Es la historia de un gato gris y gordito que, de 1952 a 1968, eligió como hogar el colegio Elysian Heights, que hoy luce en su honor unas placas, unos dibujos y unos mosaicos. La web del colegio le sigue dedicando una página.

Cuando llegó a la famosa aula 8 en 1952, Room 8 (un juego de palabras con la palabra *roommate*, compañero de piso en inglés) era un gato callejero que enseguida le cogió cariño a los alumnos y a los profesores. La fidelidad y regularidad durante largos años escolares de este gato que se pasaba todo el verano fuera del colegio (igual que los alumnos) y regresaba al empezar el curso, que dormía la siesta sobre la mesa de la profesora mientras que los niños cantaban el himno nacional cada mañana, ha dejado huella.

Dieciséis años durante los cuales fue el protagonista de un libro infantil sobre su vida (*A cat named Room 8*), de una canción con el mismo título (del guitarrista acústico Leo Kottke), de un documental (*Big Cat, Little Cat*), y fue sobre todo el destinatario de centenares de cartas que cada día llegaban al colegio, y a las que los alumnos contestaban a veces como ejercicio de escritura. La razón de todas aquellas cartas era la publicación de artículos y la emisión de reportajes de TV en los principales medios del país: en cada inicio de curso, los periodistas, cámaras al hombro, esperaban impacientes su regreso. Cuando Room 8 falleció, *Los Angeles Times* escribió incluso una necrológica de un cuarto de página, uniéndose a la letanía de homenajes de la prensa americana.

Evidentemente, hoy el entusiasmo no es el mismo, a excepción de los homenajes de los frikis en Internet. Aunque los alumnos y el claustro son conocedores de la mitología que rodea el colegio, es poco probable que se cruce con muchos turistas si se acerca al establecimiento. No obstante,

sea respetuoso, saque fotos del suelo y de los muros, pero evite entrar en el colegio y sea discreto cuando eche un rápido vistazo a las placas originales cuando pase por delante de ellas. Como es de imaginar, no puede interrumpir la rutina del colegio.

Para respetar la tranquilidad del colegio y para asegurarse de no molestar, Room 8 descansa en Los Angeles Pet Memorial Park, a varios kilómetros de aquí. Visitar su tumba es una oportunidad también de pasear por la elegante ciudad de Calabasas, al noreste de Malibú.

Los Angeles Pet Memorial Park & Crematory
5068 North Old Scandia Lane, Calabasas
(+1) 818-591-7037 - lapetcemetery.com
Lunes, martes, jueves, viernes y sábado de 8 a 17 16:30 h, domingo de 9 a 16 h

FACES OF ELYSIAN VALLEY

La primera rotonda de la historia de L.A. es un modelo en su género

501 North San Fernando Road
greenmeme.com
Siempre visible desde la carretera

Es el estudio de artistas y diseñadores Greenmeme, artífice de las instalaciones urbanas más creativas de la ciudad (como el "papel pintado de hormigón" que adorna la autopista 405 a la altura de Sepulveda Pass Westwood, o incluso el Hyperion Son of Uranus en el Centro de Estudios Medioambientales), el que en 2017 instaló, cerca de Dodger Stadium, nueve rostros de granito esculpidos en esculturas en forma de huevo. Con la preocupación constante de preservar los elementos de alrededor.

Creada por Freyja Bardell y Brian Howe, la primera rotonda de la historia de Los Ángeles, decorada con los rostros de estos desconocidos que han dado forma a la ciudad (se hizo una selección previa), fue concebida como "una puerta de acceso a los tres barrios que la rodean", a saber, Elysian Valley, Cypress Park y Lincoln Heights. Pero esta rotonda es también, y sobre todo, un depósito para el agua que viene del puente adyacente, el Riverside Drive Bridge.

De hecho, el círculo exterior retiene las aguas pluviales a través de sus adoquines drenantes, también adornados con caras (hechos con los restos de piedra de las esculturas verticales), que captan el preciado oro azul. Las plantas autóctonas resistentes a la sequía de la instalación se eligieron cuidadosamente para que harmonizaran con el conjunto. Más de 200 personas participaron en este proyecto municipal cuya construcción duró siete años. Un modelo de arte urbano "verde y consciente".

LA SALA DEL "CLUB DE LOS AVENTUREROS" DE LOS ÁNGELES

Exploración a la antigua y objetos exóticos

The Adventurers' Club of Los Angeles
2433 North Broadway
(+1) 323-223-3948 - adventurersclub.org
Eventos, conferencias y cenas semanales para los no socios, solo previa reserva,
de 8 a 21:30 h casi todos los jueves (cuidado: algunos jueves están reservados
para los socios – consultar previamente la web)
Código de vestimenta: "Business casual"

Oculto en una zona comercial de Lincoln Heights de lo más anodina, encima de una parafarmacia junto a la que hay una escalera estrecha que desprende una luz amarillenta, este "Club de los aventureros" no inspira mucha confianza a primera vista. Sin embargo... Nada más cruzar la puerta aterrizamos en un lugar cuya decoración parece sacada de los sueños más febriles de Indiana Jones.

Juzgue por usted mismo: un kayak curtido por las inclemencias del tiempo, un oso polar disecado, cerámicas precolombinas, cascos de la Segunda Guerra Mundial, cajas de seguridad, banderas, un auténtico esqueleto de mamut, una cabeza de mono, otra (reducida) de un humano usada en un ritual amazónico... Los objetos que adornan esta sala de reuniones están lejos de ser banales. Incluso los socios, la mayoría señores de avanzada edad que se enorgullecen de haber "escalado el Everest sin oxígeno", "surfeado en el Ártico", "luchado en la guerra" o "pescado anguilas en los cinco continentes", parecen provenir de una época pasada de exploradores a la antigua, que cuentan anécdotas dignas de las novelas de Julio Verne. Aunque den clases de defensa personal un poco anticuadas

o reciban a autores para compartir una charla larga, su visión de la aventura tiene un aire de tiempos pasados.

Fue en 1922 cuando el capitán John W. Roulac reunió a este curioso grupo de hombres expertos en busca de hazañas deportistas, humanas y antropológicas. Entre sus miembros más ilustres se encontraba el presidente americano Teddy Roosevelt, el astronauta Buzz Aldrin e incluso el director de cine James Cameron. Personalidades punteras de la exploración terrestre y espacial, arqueólogos y demás científicos, pero también personas anónimas amantes de los viajes fuera de lo común: a todos les gusta contar sus aventuras y escuchar las de los demás, aventureros o conferenciantes, cada jueves por la tarde.

Con un centenar de socios (el club llegó a tener 1000 en los años gloriosos), no siempre admite la participación de mujeres, excepto en las *Open Nights*, en las que, para compensar, los no socios, mujeres y hombres, son bienvenidos (previa reserva únicamente).

Decididamente *old school*, rozando el mal gusto cuando exhiben sus trofeos de rinocerontes o monos aulladores en las paredes, este club merece la pena como experiencia sociológica y como museo de la aventura. Como punto positivo, estos *gentlemen* de una época que los menores de 20 años ni conocen saben recibir bien, sus anécdotas son suculentas, el bar tiene de todo y las cenas son asequibles.

La impresionante colección de meteoritos de UCLA

UCLA Meteorite Collection
Aula 3697 del edificio de Geología
595 Charles E. Young Drive East
meteorites.ucla.edu
Lunes a viernes de 9 a 16 h

Otra colección de fascinantes objetos espera al visitante en la Universidad de UCLA (University of California Los Angeles), en el campus de Westwood. En el aula 3697, el departamento de geología alberga la segunda mayor colección de meteoritos de Estados Unidos. Todo empezó cuando William Andrews Clark (ver pág. 94) donó a la universidad un fragmento de 160 kg del aerolito Canyon Diablo, que impactó contra la Tierra hace 49 000 años. Desde entonces, la universidad ha reunido una colección de 2400 muestras que pueden verse allí.

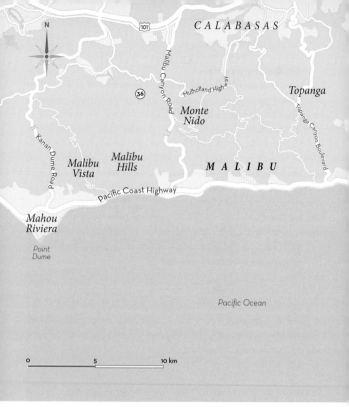

De Los Feliz a Malibu

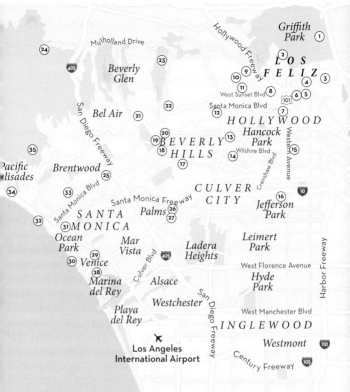

EL ZOO ABANDONADO DE GRIFFITH PARK

¿Nos hacemos un picnic en la jaula del tigre?

4730 Crystal Springs Drive
laparks.org
(+1) 323 644 2050
Todos los días de 5 a 22:30 h
Metro: Red Line, parada Vermont/Sunset

Griffith Park, uno de los parques municipales más imponentes de Norteamérica, tiene tantas esquinas y recovecos que haría falta toda una vida para explorarlo, sin olvidar que la naturaleza salvaje, reina del lugar, se esfuerza para que la mayoría de los accesos no se puedan detectar y cambien constantemente. Tiene carreteras que llevan a ningún sitio, cuevas ocultas, jardines efímeros, bosquecillos con cierta magia... y hasta un zoo abandonado.

A unos pocos kilómetros del auténtico zoo de Los Ángeles, una antigua noria da paso a un pequeño valle muy verde con sorprendentes rincones: un lugar perfecto para hacer picnic, un tramo sombreado ideal en una caminata, escenario del festival Shakespeare in the Park que se

celebra cada verano... Sin los barrotes que suelen tener las jaulas, no es tan fácil adivinar que es el antiguo zoo de L.A. Sí, esas mini cuevas son más bien las casas abandonadas donde vivieron animales de la jungla y del bosque.

Flashback: aquí vivieron hace muchísimos años especies exóticas del mundo entero, algunas participaron en rodajes cinematográficos y otros pertenecían a coleccionistas privados, pioneros de la aventura en territorio desconocido, o bien se mudaron de Eastlake Zoo, cuando este cerró al abrir Griffith Park en 1912. Al principio, la antigua granja de avestruces de Griffith J. Griffith contaba con unos quince ejemplares, y creció de golpe en los años 1930 bajo el impulso del Works Progress Administration (WPA), la principal agencia federal del New Deal de Roosevelt. La granja siguió creciendo hasta 1966, año en que los animales se mudaron a un zoo moderno situado en frente del museo Gene Autry.

Ahora las antiguas jaulas del león, del tigre o del oso -algunas increíblemente minúsculas- son lugares para divertirse o trepar, y hasta para desayunar. Puede incluso que por aquí deambulen el fantasma de Johnny Weissmuller, el inimitable Tarzán, o el de George, el famoso león que ruge de la MGM. Ambos estuvieron aquí por la magia del séptimo arte... pero solo uno estaba enjaulado.

LA BATICUEVA ORIGINAL DE BRONSON CANYON

Paseo (sin Batmóvil) hacia la cueva secreta de Batman

3200 Canyon Drive
(+1) 818 243 1145 (número de Los Angeles Department of Recreation and Parks, el Departamento de parques y recreación).
laparks.org/park/bronson-canyon
Todos los días de 5 a 22.30 h

Aquí no es cuestión de indicarle la mejor manera de llegar al icónico cartel HOLLYWOOD que está en la colina siguiendo las rutas de senderismo más o menos empinadas que recogen casi todas las guías turísticas.

Sin embargo, tener en el campo de visión las enormes letras blancas que instalaron en 1923, cuando uno se pasea por Griffith Park o en las partes más altas de la ciudad, siempre es una recompensa valiosa. Y qué hay más gratificante que disfrutar de estas vistas únicas saliendo de... ¡la cueva secreta de Batman!

En el primer capítulo de las aventuras del hombre murciélago para la televisión a principios de los años 1960, los guionistas se divirtieron integrando en las historias escenas en la famosa cueva de Batman, en base a algunos pasajes del cómic que se desarrollan en este laboratorio hipermoderno situado supuestamente en el sótano de la mansión de la familia Wayne, y al que solo se puede acceder accionando unas palancas ocultas. En las persecuciones con el Batmóvil, el vehículo motorizado de Batman, los protagonistas salían de la Baticueva por una pequeña abertura oculta en la roca antes de lanzarse a la caza de los malhechores.

Obviamente, como la serie se rodó en L.A, el escenario natural de Griffith Park sirvió de pretexto para crear los alrededores de Gotham City. Hay que aparcar al suroeste del parque, en 3200 Canyon Drive y luego emprender la subida, es fácil, de Bronson Canyon, que le llevará en menos de un cuarto de hora a la entrada de la cueva, ahora abierta y accesible para los caminantes. Cuando salga, cual Batman, del túnel (que construyeron a principios del siglo XX y que se sigue usando para los rodajes), vaya a la izquierda, tras pasar la segunda cueva pequeña, para disfrutar de unas impresionantes vistas del cartel HOLLYWOOD, a falta de poder perseguir a los auténticos malos. El paseo dura una media hora más o menos, pero calcule mejor una hora incluyendo las sesiones de fotos.

Más al norte, el Brush Canyon Trail le llevará directo a las letras HOLLYWOOD en menos de una hora, lo que puede ser una ruta doble perfecta... pero sobre todo no diga que se lo hemos contado nosotros.

Un consejo, válido para cualquier ruta de senderismo en Los Ángeles: si empieza al alba o al atardecer, tenga cuidado con las serpientes cascabel (¡vaya con las piernas tapadas y con los ojos bien abiertos!)

SHAKESPEARE BRIDGE

Uno de los lugares más románticos de Los Ángeles

4001 Franklin Avenue
El puente empieza a la altura de St George Street
(+1) 323 908 6078
franklinhills.org

Declarado Monumento Histórico en 1974, este corto puente vial, construido primero en 1926 y reconstruido luego en 1998 tras el terremoto de Northridge (1994), es uno de los lugares más románticos de Los Ángeles.

No solo cruza un pequeño valle en el corazón de Los Feliz, sino que además alberga un minúsculo jardín entre sus pilares (acceso por 1900 Monon Street). Aunque la microcomunidad de Franklin Hills, en la que viven algunas estrellas de cine, no tiene nada que ver con el famoso dramaturgo británico y es muy activa cuando se trata de proteger la autenticidad de este trozo de barrio en suspensión. Desde la reconstrucción, el puente de 80 metros de largo por 9 de ancho suele estar decorado con guirnaldas de luces de cuya colocación se encarga la Franklin Hills Resident Association.

Originalmente, esta pequeña joya costó la módica suma de 60 000 dólares, pero los vecinos cercanos y los observadores no están muy contentos con el resultado que obtuvo el arquitecto J.C. Wright. Según un artículo de *Los Angeles Times* de la época, "un puente como este no tendr[i]á ningún interés para el público". Desde entonces, es el niño mimado del barrio. Se puede acceder al barranco, por donde antaño corría un riachuelo llamado Arroyo de la Sacatela, por unas escaleras que datan de la misma época que el edificio de hormigón con flechas góticas en los que pocos automovilistas se fijan. La acera es estrecha, pero se puede aparcar unos minutos en la entrada Este.

No hace falta pasarse todo el día en este puente, pero es un sitio espectacular para pararse a hacer fotos en la carretera que lleva a muchos lugares imperdibles de la ciudad, entre los que están la casa de Walt Disney (2495 Lyric Avenue), Hollyhock House en Barnsdall Park (4800 Hollywood Boulevard, ver pág. 72) o los ABC Prospect Studios (4151 Prospect Avenue), donde se graban desde los años 1950 muchos programas de televisión... Lejos, muy lejos de los versos recitados en su época por la compañía de William Shakespeare.

EL CARTEL
"HAPPY FOOT/SAD FOOT"

El dibujo de un pie con poderes insospechados

Antigua ubicación: 2711 W. Sunset Boulevard
Nueva dirección: 1770 N Vermont Avenue

Es uno de los emblemas más reconocibles del barrio de moda de Silverlake, en su frontera con Echo Park a unos minutos al sudeste de Sunset Junction, ese epicentro hípster donde se cruzan Sunset Boulevard y el final de Santa Monica Boulevard.

Nada hacía presagiar que este letrero giratorio, cual plácida veleta, iba a convertirse en semejante lugar de culto. Y sin embargo... el letrero de dos caras de este podólogo de barrio, con la caricatura de un pie en plena forma, por un lado, y por el otro la de un pie en pésimo estado (junto con las palabras Foot Clinic y un número de teléfono), se ha convertido en el símbolo del barrio y en un objeto pop en todas sus variantes en el mundo artístico de la ciudad.

El famoso letrero, que apareció en una novela local en 2007 (*You Don't Love Me Yet* de Jonathan Lethem), sirve de referencia al protagonista para las decisiones cruciales que tiene que tomar, tratando el pie como un dios todopoderoso.

David Foster Wallace también lo nombra en *El rey pálido*. El grupo musical YACHT ha sacado un videoclip, a principios del año 2018, en el que el letrero vive aventuras rocambolescas – ya existía un corto en su honor. Para los músicos Beck o Eels, es más bien un oráculo, pues han afirmado que tenía dotes adivinatorias cuando vivían en el barrio. ¿Tu día va a salir bien o mal? Pregúntaselo al pie. Según el dibujo que aparezca primero cuando salgas de casa, esa será la respuesta.

Tatuajes, pendientes, camisetas, gifs animados... aunque todavía no hay una tienda oficial, el pie con dos estados de ánimo tiene su club de fans, que podemos ver tras un concierto o una discusión en internet, normalmente nativos de Los Ángeles a quienes el letrero les recuerda su infancia.

El barrio tiene incluso un apodo como solo los americanos saben inventar cuando se trata de describir una microburbuja de vecindarios: HaFo SaFo, para *Happy Foot, Sad Foot*. Un auténtico truco de iniciados mezclado con leyenda urbana que hay que tomarse con ironía, y que da sobre todo un punto de acceso perfecto para visitar los dos barrios... a pie.

El distrito de Silverlake a pie

Desde Sunset Junction hasta el lago de Echo Park, pasando por Silverlake Reservoir a la ida y por Sunset Boulevard a la vuelta, el anillo se recorre en 1 h 40 min. Añadiendo la vuelta al lago, un break para comer, un poco de shopping y la foto con el letrero Happy Foot/Sad Foot, es un paseo ideal para descubrir el L.A. moderno en un solo día.

HOLLYHOCK HOUSE

La obra maestra menospreciada de Frank Lloyd Wright

Barnsdall Art Park
4800 Hollywood Blvd
(+1) 213 626 1901
barnsdall.org
Parque abierto todos los días de 6 a 22 h
Junior Art Center: de lunes a viernes de 10 a 18 h. Sábado de 10 a 16 h
Visita de la casa: de jueves a domingo de 11 a 16 h
Últimas entradas a la venta a las 15.30 h todos los días

Hollyhock House (Casa de la malvarrosa en español), criatura extraña del primer periodo de la carrera de Frank Lloyd Wright, cuando su trabajo no era aún muy conocido, no fue muy apreciada hasta que se convirtió en un tesoro escondido de L.A.

Menospreciada por su propietaria, Aline Barnsdall, que vivió en ella muy poco tiempo y la donó con el parque que hoy lleva su nombre a la ciudad en 1927. Menospreciada también por el propio arquitecto que, en aquella época, antes de sus obras maestras de estilo Prairie School (como la "casa de la cascada" en Pensilvania) o su insuperable museo Solomon R. Guggenheim en Nueva York, experimentaba con un diseño intermedio, de hormigón prefabricado, que recuerda a los templos mayas y a las casas tradicionales japonesas.

Apodada "construcción con bloques textiles", esta técnica está entre los escasos edificios grandes que encargaron algunos ayuntamientos y las odas a la naturaleza que más tarde diseñó el maestro americano.

Si la vemos con los ojos de ahora, la casa, cuyo estilo fue bautizado como *California Romanza*, es impresionante: cemento armado, columnas elaboradas, elementos *art nouveau* mezclados con elementos modernistas, una fuente central semicubierta, pasarelas que evocan pequeños puentes sobre un canal, una increíble chimenea con bajorrelieve egipto-Bauhaus... La mezcla de estilos es una maravilla y se hace imprescindible visitarla por dentro. Porque con sus aires de gran templo masónico, el exterior puede parecer austero, a pesar de la forma acogedora de la colina y de las espectaculares vistas. Cabe destacar que el parque también tiene un cine, una galería de arte y un centro artístico para los más jóvenes.

El hijo de Frank Lloyd Wright, de nombre Lloyd, que supervisó la construcción de las dependencias, también es el arquitecto principal de la otra casa de arquitectura maya del barrio de Los Feliz, situada a unos centenares de metros, y que se ha hecho rápidamente famosa. Y con razón: con su entrada en forma de mandíbula de tiburón, la casa John Sowden, en el 5121 de Franklin Avenue, fue en 1947 el escenario de uno de los asesinatos más famosos de la ciudad, el de Elizabeth Short, más conocido con el nombre de "Dalia negra".

© Teemu008 from Palatine, Illinois

EL BUNGALÓ
DE CHARLES BUKOWSKI

La antigua casa del mítico escritor, convertida en
monumento histórico

5124 De Longpre Avenue
No se puede visitar
Metro: Red Line, parada Vermont/Sunset

Gracias a los esfuerzos coordinados de Lauren Everett y Richard Schave el modesto bungaló que el escritor Charles Bukowski alquiló en el 5124 de De Longpre Avenue durante casi diez años se salvó in extremis de ser derruido.

Una victoria para los fans del autor de Cartero, la primera novela que el autor escribió aquí en 21 días y publicó en 1971 en Estados Unidos, tras pasar años escribiendo novela corta y poesía sin mucho éxito.

Everett y Schave, fotógrafo e historiador respectivamente (de hecho, el segundo creó una empresa de visitas atípicas de la ciudad en un autobús llamado "Esotouric") llevaron una fuerte campaña contra los feroces promotores inmobiliarios decididos a transformar los pocos bungalós de la calle en edificios modernos. Esta pequeña casa no es gran cosa, pero en 2008 fue declarada monumento histórico por la Comisión de Patrimonio Cultural, que salva unos cuarenta monumentos al año, ya sea por su gran valor arquitectónico o, como aquí, por su contribución a la historia de la ciudad. Las letras HOLLYWOOD que presiden la colina, las Watts Towers en el sur de Los Ángeles y el Shrine Auditorium en USC forman parte, en L.A., de esta pequeña familia de monumentos salvados "para siempre" de los estragos del tiempo.

"El barrio sigue siendo un barrio obrero, con una comunidad compuesta de rusos, armenios, eslavos, que llegaron en los años 1960 y 1970", explicó Richard Schave a la prensa, en la época en que salvaron la casa de Bukowski. "En la esquina, sigue estando el Pink Elephant Liquors, la tienda de licores favorita del escritor. Fue en De Longpre Avenue donde su trabajo se reveló de repente al mundo. Este lugar fue el propulsor que decidió lo que iba a ser su vida." A partir de aquella época de transición, Black Sparrow Press, mediante la voz de su fundador John Martin, iba a conventirse en el editor histórico de Bukowski.

En la calle hay un cartel que celebra esta victoria del arte sobre el dinero, y aunque el bungaló es un lugar privado, se puede ver muy bien desde la calle, y quizá preguntar a los inquilinos actuales si se puede hacer una foto de recuerdo.

LA "TUMBA COHETE"
DE CONSTANCE Y CARL BIGSBY

"Qué lástima... nos lo hemos pasado bien"

Hollywood Forever Cemetery
6000 Santa Monica Boulevard
(+1) 323 469 1181
hollywoodforever.com
De lunes a viernes de 8:30 a 17 h. Sábado y domingo hasta las 16:30 h
Entrada gratuita

Hollywood Forever Cemetery, uno de los cementerios más emblemáticos del país, alberga una impresionante cantidad de tumbas de gente famosa. Muchísimas figuras de la televisión, del teatro y del cine americanos están enterradas en este precioso oasis de verdor de 25 hectáreas rodeado de palmeras y situado a dos pasos de los estudios Paramount (es sin duda la razón de tanta celebridad). No solo es *the place to be* para los difuntos famosos, sino que además supo renovar desde principios de los años 2000 su atractivo ante los vivos organizando cada verano fiestas, proyecciones de películas y conciertos al aire libre.

No obstante, este precioso lugar es también la última morada de perfectos desconocidos que en algunos casos sobrepasaron los límites del buen gusto, del romanticismo, de la decencia o de la fantasía cuando compraron su lápida.

Es el caso del diseñador gráfico Carl Bigsby y de su esposa Constance. Su parcela, situada en la sección central 13 (lote 521), es la base de una reproducción a escala real del misil Atlas-B, cohete que, el 18 de diciembre de 1958, puso en órbita el primer satélite de comunicaciones de la historia. Este exitoso lanzamiento volvió a poner a Estados Unidos en el camino de una victoriosa conquista espacial, en un momento en que tenían un considerable retraso con respecto al satélite soviético Sputnik, cohete portador orbital utilizado con éxito el año anterior.

Carl Bibsby, fallecido el 3 de mayo de 1959, se consideraba a sí mismo, no sin cierto humor, un "pionero" del diseño gráfico, al mismo nivel que esta decisiva misión. "La misión espacial Atlas Pioneer simboliza aquí la carrera de Carl Morgan Bigsby, un líder reconocido en numerosos ámbitos de las artes gráficas. Él también era un pionero", reza el curioso epitafio, que permite sobre todo admirar la increíble estatua de un cohete, un tipo de lápida que no se suele ver a menudo.

El epitafio de Constance Bigsby, fallecida bastantes años después, en 2000, ni siquiera menciona el año de su muerte. Justo encima de su fecha de nacimiento (1914) hay una frase grabada que a cualquiera le gustaría adoptar: "*Too bad... we had fun*", a saber, "Qué lástima... nos lo hemos pasado bien". La pareja sabía disfrutar de la vida sin tomarse las cosas demasiado en serio. Su original homenaje a los héroes de la conquista del espacio es a la vez poético, grandioso y gracioso. Una suerte para los amantes de los hallazgos insólitos desatendidos a quienes no interesa la tumba de Marilyn Monroe o de Mickey Rooney.

EL MUSEO DE LA MUERTE

Una o dos personas se desmayan cada semana

6031 Hollywood Boulevard
(+1) 323 466 8011
museumofdeath.net
De domingo a jueves de 10 a 20 h. Viernes de 10 a 21 h. Sábado de 10 a 22 h
Metro: Red Line, parada Hollywood & Vine

Yo no diría que la gente acaba vomitando, pero, en general, una o dos personas se desmayan cada semana", con estas reconfortantes palabras nos recibe, sonriente, el jefe del Museo de la Muerte (Museum of Death).

"Algunas fotos y descripciones son muy gráficas, y a algunos visitantes les parece muy gore". Más vale estar prevenido.

La primera pieza ya marca la tónica: aún siendo para un público sensible, está dedicada a la figura de un asesino en serie, mito arraigado en el imaginario colectivo estadounidense... aunque las dos criaturas del museo, Cathee Shultz y J.D. Healy, hayan recuperado elementos europeos como la cabeza momificada de Henri Désiré Landru, estafador francés y asesino (estafó a unas 300 mujeres y mató a dos entre 1915 y 1919).

Le acompañan dibujos, objetos y cartas, muchas, entre asesinos en serie conocidos (John Wayne Gacy, Ted Bundy, Richard Ramirez...) y su familia o sus "fans", junto con la reconstrucción de una silla eléctrica porque los fundadores del museo aún no han conseguido comprar una de verdad.

Después de las salas donde se muestran las técnicas usadas por las funerarias a lo largo de los años, las antigüedades procedentes de distintas morgues del mundo y los esqueletos de perros y jirafas, entre otras rarezas, aparecen las primeras fotos de autopsias en esta danza macabra que, según los dueños (que en 2015 abrieron otro museo como este en Nueva Orleans), deberían "ayudarnos a sentirnos agradecidos de seguir vivos".

El auge del horror de estas imágenes es gradual, tanto es así que uno se acostumbra a ver cabezas cortadas, vídeos de crímenes y de accidentes de coches o de asesinos posando con sus víctimas descuartizadas. Afortunadamente, el museo no cae en el sensacionalismo, dado que su objetivo es educar más que impactar.

Prueba de ello es la sala dedicada a Charles Manson y a su "familia" asesina, relativamente sobria. O la que evoca las fechorías de Jeffrey Dahmer, muy factual, cuyas detalladas descripciones le ponen a uno los pelos de punta. En comparación, las fotos de suicidas casi conmueven.

El gabinete de los muertos famosos (y de sus fieles compañeros de cuatro patas, entre los cuales hay algunos disecados en el museo) hace que la tensión se relaje, antes de salir por la tienda de recuerdos, donde las cabezas de muertos en las camisetas parecen de repente gente buena.

HIGH TOWER ELEVATOR ASSOCIATION

Un ascensor privado comunitario para los vecinos

2178 High Tower Drive
Torre visible desde la calle

¡Ojo! ¡Menudo flechazo! Una joya de barrio que solo puede encontrarse en Los Ángeles, con unas vistas panorámicas que te dejan sin aliento, un edificio de lo más insólito, y con... poca gente. Los vecinos del barrio son los únicos que pueden entrar en esta curiosa torre de

cuatro plantas que parece una especie de faro en el barrio de Hollywood Heights (mediante un pago mensual de unos cincuenta dólares, los felices propietarios e inquilinos de las casas de alrededor pueden usar el ascensor privado comunitario que está dentro, el único en el oeste del Misisipi). Las calles y las escaleras son sin embargo públicas.

Viniendo de Highland Avenue, hay que pasar por Highland Camrose Park y luego subir las escaleras de Alta Lona Terrace. Hay una serie de escaleras (que no siempre están conectadas) que rodean la preciosa torre desde todos los ángulos. A lo largo del paseo verás buganvillas, palmeras y una arquitectura eminentemente europea, a menudo en una calma total que solo rompe el canto de los pájaros, aunque más abajo esté el Hollywood Walk of Fame por un lado y el vibrante Hollywood Bowl por el otro. Cuando se pone el sol, la luz, a menudo magnífica, ofrece un marco espectacular a la ciudad, cuya silueta se puede apreciar hasta Downtown.

Aunque la torre, inspirada en algún campanario italiano, se erigiese hace un siglo para evitar que los habitantes de las colinas se cansaran al volver a casa, los apartamentos y las casas recuerdan mucho a la edad dorada de Hollywood, entre los años 1930 y 1950. Una burbuja atemporal cuya tranquilidad contrasta tanto con las animadas colinas y con las escaleras de alrededor que su descubrimiento es como un encantamiento.

Truco: si no tienes suficiente dinero para ir a un concierto en el Bowl, te puedes unir a la procesión de gente que se apresura al mítico anfiteatro cada noche de verano, con su cesta de picnic, y girar a la izquierda justo antes de la entrada, para ir a comer algo en las colinas. Algunos bancos que te esperan en lo alto.

Escaleras ocultas convertidas en estrellas de Hollywood

Aunque nuestras escaleras favoritas son las del High Tower Elevator (ver más arriba), no son las únicas. De Silverlake a Pacific Palisades, de Culver City a Beachwood Canyon, de El Sereno a Echo Park, pasando por Downtown y Santa Monica, son muchas las opciones para los fanáticos del senderismo o del cardio. Por ejemplo, día y noche, deportistas experimentados se juntan en este tipo de escaleras por todo L.A. Tapadas por una enorme vegetación, a veces son difíciles de encontrar, pero aun así algunas se han convertido en estrellas de Hollywood, como la Music Box Staircase (935 Vendome Avenue, en Silverlake), que El Gordo y el Flaco usaron en 1932 en el cortometraje *Haciendo de las suyas*, ganador de un Óscar.

MAGIC CASTLE

Una experiencia realmente única

7001 Franklin Ave
(+1) 323 851 3313
magiccastle.com
Todos los días de 17 a 01 h. Brunch sábado y domingo de 10 a 15 h
Metro: Red Line, parada Hollywood/Highland

Aunque en el sentido estricto no es un secreto, exhibiendo sin pudor su fachada *kitsch* y claramente visible desde Franklin Avenue, entre el paso que lleva al Hollywood Bowl y el superpoblado Walk of Fame

(las famosas estrellas de las celebridades, y un imán para turistas), Magic Castle es quizá el lugar más insólito de esta guía.

Este secreto mal guardado desde 1963 tiene la particularidad de ser un club muy selecto y elegante que hace las veces de restaurante bar, escuela y templo dedicados a la magia en todas sus formas.

Lamentablemente (o afortunadamente, tal vez) es difícil pasar allí una noche, no basta con llamar a la puerta vestido de gala.

Hay cinco soluciones posibles para el visitante curioso: ser miembro del club privado (de lo que pueden jactarse tan solo 500 profesionales en el mundo entero), conocer a alguien de allí (magos incluidos), ir a clases en la Academy of Magical Arts o que le invite un alumno. La última opción es alojarse en el Magic Castle Hotel, un motel mejorado y sorprendentemente moderno, a dos pasos del "auténtico" castillo gótico. Pero se pierde mucho en misterio y encanto.

Cuando la puerta – custodiada por la escultura de un búho – se entreabre, tras decir en voz alta unas palabras mágicas, la visión es claramente hechizante: un laberinto de salitas, de bares intimistas, un enorme comedor arriba, un pianista fantasma que responde a la voz y toca las canciones que le piden, y, al final de las escaleras o de los estrechos pasillos, hay pequeños teatros, arriba, abajo, en el sótano, algunos con diez butacas, otros con un centenar, donde se suceden los mejores representantes de su arte, entre las 17 y las 2 de la madrugada. Una especie de Las Vegas en miniatura, con menos casinos pero más cercanía, con una atmósfera de castillo encantado. Una experiencia realmente única.

¡Importante! Magic Castle tiene sin duda el *dress code* más estricto de Los Ángeles (con, por ejemplo, la ceremonia de los Óscar): vestidos de noche para las mujeres, traje-corbata y zapatos de vestir para los hombres.

En el *muy casual* L.A., donde los ejecutivos trabajan en bermudas, es una rareza que merece destacarse.

Otro aviso si consigue una entrada: como los bármanes son talentosos y adorables (algunos también hacen trucos de magia), con tomarse una copa vale; el restaurante, caro, es francamente dispensable.

The Magic Castle Issue

LA ESTRELLA DE MOHAMED ALI ⑪

La única estrella de Hollywood sobre la que no se puede caminar

6801 Hollywood Boulevard
walkoffame.com
Metro: Red Line, parada Hollywood/Highland

En 2002 el boxeador más famoso del planeta, nacido Cassius Clay en 1942 y fallecido en 2016, obtuvo su estrella en el famoso Paseo de la Fama, los bloques del barrio de Hollywood en los que se han incrustado los nombres de las estrellas más famosas del entretenimiento.

Los deportistas pueden tener su estrella cuando sus hazañas han sido ampliamente televisadas o cuando han contribuido al mundo de las artes, ya que las estrellas se agrupan en las siguientes cinco categorías: cine, música, radio, televisión y teatro. Por ejemplo, Magic Johnson, dueño de una cadena de cines tras dejar su carrera como jugador de baloncesto, tiene su estrella. Y es en la última categoría, teatro, en la que tiene su lugar Mohamed Ali, leyenda que, sin conformarse con haber puesto su arte, el boxeo, en el escenario, "vivió su vida como si viviese en un escenario", según el comité que otorga estos galardones brillantes. Sin embargo, está lejos de ser la única incongruencia relacionada con su presencia en el centro de este imán para turistas.

Aunque el tan popular lugar no merece más de diez minutos si está de visita en Los Ángeles por primera vez, es interesante destacar que la estrella de Mohamed Ali es la única que no está en el suelo, sino en un muro, en la entrada del Dolby Theatre, escondida en un rincón. El boxeador, convertido al islam en 1964, había solicitado un trato especial para que nadie pudiera caminar sobre el nombre que compartía con el profeta del Corán. "No quiero que las personas que no me respetan pisen la estrella", declaró a la prensa durante su consagración hollywoodiense. Es la única estrella que se ha beneficiado de semejante favor, relegando a las otras 2500 al rango de las amables visitas sin interés.

Las nadadoras sincronizadas del Dolby Theatre

Mohamed Ali y Magic Johnson no son los únicos deportistas presentes en las inmediaciones del Dolby Theatre. Antiguamente conocido como Kodak Theatre, el lugar de celebración de la ceremonia anual de los Óscar sigue llevando, en el suelo, uno de los antiguos símbolos de la marca de películas analógicas y cinematográficas: unas nadadoras sincronizadas incrustadas en el mármol negro. Para poder verlas, hay que subir varias plantas por la escalera central e inclinarse sobre el suelo, por debajo de la claraboya.

EL BINGO DE
HAMBURGER MARY'S

Jugar al bingo con drag queens

8288 Santa Monica Boulevard
West Hollywood
(+1) 323 654 3800
bingoboyinc.com o hamburgermarys.com
Miércoles a las 19 y 21 h y domingo a las 18 y 20 h
Eventos ocasionales algunos jueves y en distintos lugares de la ciudad
Entrada: 20 $ los once cartones de bingo (Consumición opcional)
Es altamente recomendable reservar
Acceso: US-101 N, salida Sunset Boulevard

What's the name of the game?
- BINGO!
- And how do we play it?
- LOUDLY!"

Es una *drag queen* mulata con unas curvas de infarto y maquillaje fucsia que grita a un micrófono, y la multitud enloquecida, sentada a unas mesas, le contesta gritando cada vez más alto. Olvídese del bingo dominical de la abuelita Francisca, aquí el bingo se juega entre gritos y aplausos, y al ganador de cada partida le toca correr por toda la sala mientras los perdedores descontentos le tiran bolas de papel. El colorido equipo de Jeffery Bowman toma el control cinco veces por semana de Hamburger Mary's, una institución en West Hollywood, el barrio gay de Los Ángeles (de hecho, una ciudad en toda regla que en 1984 se convirtió en la primera ciudad con la mayor comunidad homosexual de Estados Unidos).

Lejos de estar reservada solo a la comunidad gay, esta experiencia ha pasado a ser con los años la cita favorita de algunos fieles angelinos, convirtiendo este evento caritativo quincenal en el más antiguo de la ciudad. Aquí, nada de turistas (por el momento), solo gente local de todas las edades que ha venido a divertirse por una buena causa ya sea para ayudar a la investigación sobre el cáncer de mama, para apoyar la visibilidad LGBT o para financiar un refugio para personas sin hogar. La segunda vez que vinimos, una asociación de rescate de gatitos callejeros gestionada por personas mayores muy respetables, estaba recaudando dinero. Y el portavoz de la asociación no dudó en dejarse azotar suavemente con una pala de cuero BDSM durante una falsa alarma en el bingo: es la regla en caso de equivocarse, ¡y nadie se libra!

En este amigable caos donde los decibelios truenan, la gente se da codazos para degustar unas hamburguesas y ensaladas riquísimas, acompañadas de cócteles decadentes. Pero la consumición no es obligatoria para formar parte de esta locura, basta con reservar una mesa y venir con la mente abierta para participar en el sueño original de Jeffery Bowman: abrir las galas benéficas a la clase media.

El bar restaurante tiene una sucursal en Long Beach (sin bingo) y más establecimientos en Estados Unidos, como el de San Francisco, que fue el primero en abrir en 1972 y que se ha convertido desde entonces en un pilar de la comunidad y cultura LGBT.

LA GASOLINERA GILMORE DE FARMERS MARKET

Bajo la granja lechera, la sorpresa del oro negro

6333 W 3rd Stree
(+1) 323 933 9211
farmersmarketla.com
De lunes a sábado de 9 a 21 h, domingo de 10 a 19 h

Aunque The Grove, un centro comercial al aire libre, está lejos de ser sinónimo de autenticidad con sus tiendas ruidosas, su falso tranvía *kitsch* y su omnipresente música, el Farmers Market que está al lado es un vibrante encuentro de *foodies*, potente en sabores del mundo entero.

El lugar, que fue propiedad de Arthur Fremont Gilmore, es una antigua granja lechera donde, desde 1880, algunos agricultores vecinos empezaron a alquilar parcelas una vez a la semana para vender sus productos a los ciudadanos. Pero en 1900, mientras sacaba agua para el ganado, Gilmore descubrió algo que le iba a cambiar la vida y su cuenta bancaria: ¡petróleo! Adiós a la granja y a los granjeros, la Gilmore Oil Company había nacido.

En una región en pleno auge que iba a centrar su desarrollo entorno a la industria automovilística, la explotación petrolífera representó una fuente de dinero considerable y duradera para su propietario cuyos pozos, por aquel entonces los más productivos de California, sirvieron sobre todo para asfaltar las carreteras más polvorientas de la costa oeste. Y, tras vender su oro negro a todas las gasolineras de alrededor a través de su marca, cuya imagen era un león rugiente, llegó la primera gasolinera automatizada, toda una novedad, donde uno mismo se servía. Detalle de marketing: las mangueras eran transparentes y se podía ver, a través de los tubos, cómo circulaba el preciado líquido.

El éxito del Salt Lake Oil Field (nombre oficial del terreno, situado a caballo sobre varias fallas geológicas), que luego explotó el hijo de la familia, E.B. Gilmore, llevó a sus dueños a diversificarse: carreras de coches, equipos de béisbol y de fútbol americano (los L.A. Bulldogs), películas, circo... hasta que el mercado agrícola resurgió en 1934.

Hoy, como recuerdo de aquellos años prósperos, una gasolinera rehabilitada marca la frontera entre el mercado y el centro comercial. Efectivamente, según su último dueño, la empresa Texaco, el pozo seco ya no daba treinta barriles de petróleo al día antes de que su explotación llegara a su fin.

Marilyn Monroe fue elegida Miss Cheesecake en el mercado agrícola en 1953.

Una gasolinera transformada en un Starbucks Coffee

Otra gasolinera de la familia Gilmore es hoy un Starbucks Coffee, en la esquina de Willoughby Avenue con Highland Avenue, en el barrio de Melrose. Ella sola merece el desvío, ya que la estructura original es un auténtico éxito.

SEGMENTOS DEL MURO DE BERLÍN

Los vestigios del Muro más grandes del mundo fuera de Alemania

5900 Wilshire Boulevard
(+1) 310 216 1600
wendemuseum.org/programs/wall-project

Avisémoslo de entrada, para resaltar hasta qué punto estos vestigios merecen una visita: estos diez "segmentos del muro de Berlín" (Berlin Wall Segments), situados delante de uno de los museos más emblemáticos de Los Ángeles, son (fuera de los que están en Alemania) los vestigios más importantes de este triste símbolo de la Guerra Fría. Y aunque no pertenezcan al LACMA (Los Angeles County Museum of Art), situado justo enfrente, sino al Wende Museum, ubicado en Culver City, sería una pena perdérselos, dado lo cerca que están del Museum Row, el barrio de los museos, donde radica el sorprendente Petersen Automotive Museum, dedicado a la historia del automóvil.

Enfrente de la famosa *Urban Light* (2008), esta instalación de farolas de los años 1920 y 1930 del artista Chris Burden, que reúne cada día a miles de fans de los *selfies*, del otro lado de Wilshire Boulevard, muy

cerca de los food trucks donde uno viene a alimentarse tras visitar el impresionante mastodonte, están las diez secciones del muro, cubiertas de obras de *street art* que encargó el Wende Museum en 2009, para el 20º aniversario de la caída, en el marco del llamado *Wall Project*.

Un oso verde bastante enfadado, los rostros de JFK y de Ronald Reagan, un curioso hombre naranja, Nelson Mandela, burbujas de colores brillantes, un grafiti digno de los trenes del metro neoyorquino o incluso una falla (¿la de San Andrés?) son las imágenes casi caricaturescas que adornan los restos del Muro. Del otro lado, el Capitán América vigila, acompañado de dos mujeres embarazadas y de *pichaçaos*, esas pintadas creadas en la premura de Sao Paulo, en Brasil.

El oso es el único que ya estaba pintado (por el berlinés Bimer), cuando los segmentos de doce metros de largo viajaron a California del Sur. Los otros artistas seleccionados se encargaron de decorar el resto de las secciones cuando llegaron a Wilshire Boulevard. Thierry Noir un francés que ya tenía un largo historial con el muro de Berlín (ver pág. 159), Kent Twitchell, Marie Astrid Gonzales y Farrah Karapetian para la parte trasera, la de Berlín oeste. Retna, D*Face y Herakut embellecieron la parte delantera, la que daba a Berlín este y la antigua RDA (aunque, en la práctica, dos muros y una zona de protección militarizada delimitaban en la época los dos berlines). Hoy, el visitante tiene la libertad de pasar a cada lado de la antigua separación sin preocuparse por los puestos de control.

EL FRESCO WARNER
DE LA SINAGOGA
DE WILSHIRE BOULEVARD

⑮

*Pinturas religiosas financiadas por los famosos
magnates del cine*

*Wishire Boulevard Temple
3663 Wilshire Blvd
wbtla.org
Visitas previa cita*

Wilshire Boulevard Temple, una sinagoga a la que acude la comunidad judía B'nai B'rith, la más antigua de Los Ángeles, es muy fácil de reconocer en la avenida más larga de la ciudad. Su enorme cúpula neobizantina, diseñada por A.M. Edelman, se ve desde muy lejos.

Se puede visitar previa cita, y admirar el enorme fresco bíblico que se extiende sobre casi 100 metros de largo, envolviendo la totalidad del santuario. La pintura describe por segmentos la historia de las tradiciones judías, desde Abraham hasta el "descubrimiento" de América por Cristóbal Colon.

Los hermanos Jack, Harry y Albert Warner (los Warner Brothers) encargaron la ejecución de esta obra al director artístico Hugo Ballin, que solía trabajar con ellos en los decorados cinematográficos. Fue el rabino Edgar Magnin, impresionado por las catedrales europeas y por las producciones realizadas en los estudios de Hollywood, a quien se le ocurrieron estos fascinantes murales, financiados por los hermanos Warner a finales de los años 1920 y restaurados en 2013 con escrupulosa fidelidad a la obra original.

Más allá de la incongruente conexión que tienen con el mundo del cine y sus grandilocuentes imágenes, estas pinturas también son extraordinarios en la historia del judaísmo dado que la Torá generalmente prohíbe las representaciones bíblicas en los templos (segundo Mandamiento del Decálogo: "No tendrás dioses ajenos delante de mí. No te harás imagen, ni ninguna semejanza de lo que esté arriba en el cielo, ni abajo en la tierra, ni en las aguas debajo de la tierra".)

En aquella época, el rabino justificó así su elección: "La época en que la gente no podía adorar imágenes ha quedado atrás. Las sinagogas suelen ser demasiado frías, necesitamos más calor y misticismo". La apuesta, audaz, ha sido todo un éxito.

WILLIAMS ANDREWS CLARK MEMORIAL LIBRARY

Una de las colecciones de libros raros más importantes de Estados Unidos

UCLA
2520 Cimarron Street
(+1) 310 794 5155
clarklibrary.ucla.edu
Sala de lectura: de lunes a viernes de 9 a 16.45 h
Visitas guiadas solo previa reserva
CA-110 West, salida W Adams Boulevard

Un edificio lujoso, de estilo inglés barroco, como el de las universidades británicas, para proteger libros muy valiosos. "Un sol radiante que atrae irresistiblemente hacia su órbita" a los investigadores y eruditos, según Clara Sturak, autora de un ensayo sobre el encanto de este lugar.

La biblioteca de libros raros Williams Andrews Clark Memorial, situada en una de las doce alas de la Universidad de California, Los Ángeles (UCLA), es un tesoro muy bien escondido, y sin duda alguna, la biblioteca que menos se visita.

Adscrita al Centro de Estudios de los siglos XVII y XVIII de la prestigiosa facultad, la biblioteca atesora magníficos originales de Charles Dickens o de Jean-Jacques Rousseau, centenares de cartas escritas por Óscar Wilde jamás publicadas, y el primer manuscrito encuadernado que recopila todas las obras de William Shakespeare...

"Poco importa el valor de las obras, son accesibles a todos", explica uno de los bibliotecarios, Scott Jacobs, que organiza, previa reserva, visitas privadas en pequeños grupos.

Aunque las salas de la planta baja, nobles e imperturbables, evocan un conocimiento congelado en el tiempo, con sus estanterías de bronce (para prevenir incendios), es en el sótano donde se pueden consultar las obras, donde se produce la magia de la literatura, bajo la atenta mirada de las cámaras de vigilancia. ¿Cómo permanecer impasible a las cartas febriles que Wilde escribió a Alfred Douglas, su amante? ¿O a ediciones originales de algunos poemas de Edgar Allan Poe cuyas delicadas páginas requieren de la delicadeza de los empleados para pasarlas? En el caso de algunas ediciones, le mostrarán solo cómo manipular las obras, de una forma precisa y organizada. A veces usando guantes blancos.

Williams Andrews Clark era el heredero de una familia que hizo fortuna con el cobre en Montana. Además de abogado, también fue el fundador de la Orquesta Filarmónica de Los Ángeles. En 1906, su interés por la literatura le llevó a comprar un terreno en el barrio de West Adams para construir una mansión, una biblioteca enorme y una casa para sus criados.

Donó su propiedad a UCLA en 1926, a su muerte, y ochos años más tarde, en 1934, la biblioteca se quedó en su emplazamiento original, mientras que la casa fue destruida y la casa de los criados trasladada. Hoy, con sus 100 000 libros raros, la biblioteca es "uno de los lugares más insólitos de la ciudad", concluye Scott Jacobs antes de cerrar las grandes puertas del edificio.

LA CARDIFF TOWER

Pozos petrolíferos cubiertos con un trampantojo

9101 Pico Boulevard

Como lo demuestran los famosísimos La Brea Tar Pits, esos burbujeantes manantiales de alquitrán de los que emergen maquetas de animales prehistóricos (con un museo adjunto), cerca del LACMA, la ciudad de Los Ángeles se asienta sobre innumerables pozos de petróleo. Pero a excepción de estos famosos pozos al aire libre, parece que la ciudad se avergüenza de ellos... Algunos barrios tienen edificios grandes que se esfuerzan en ocultar esta realidad y las actividades que implica. Es el caso, por ejemplo, de Pico-Robertson, un enclave históricamente judío del sur de Beverly Hills, donde una torre oculta bien sus intenciones.

En el 9101 de Pico Boulevard se yergue un edificio alto que parece querer que le confundan con un templo sin ventanas. Y por una buena razón: se trata de un conjunto de 40 pozos petrolíferos cubiertos con un revestimiento en trampantojo. Este curioso edificio, construido por Occidental Petroleum, se llama Cardiff Tower.

Primer edificio de este tipo en Los Ángeles, fue inaugurado en 1966 por el entonces alcalde Sam Yorty, quien al cortar la cinta que la estructura dijo que era "una contribución excepcional a la belleza urbana".

Hoy, no todo el mundo opina lo mismo. Desde hace varios años, hay residentes preocupados por la posible presencia de residuos tóxicos cerca de sus casas. El rabino local ha intentado, en vano, cerrar la explotación petrolera cuya existencia desconocen muchos habitantes. Quiere que la Cardiff Tower tenga un destino similar al de la Tower of Hope, la enorme torre de perforación situada en medio del instituto de Beverly Hills. Escondido tras un lienzo florido decorado por niños enfermos de un hospital cercano, dejó de funcionar en 2017 cuando la empresa Venoco quebró... pero no sin haber generado antes varios cientos de miles de dólares al año a la Administración. Ahora, la torre está cubierta con una enorme lona.

El Packard Well Site y el pozo del Beverly Center también forman parte de esta sorprendente familia de edificios engañosos dedicados al oro negro en pleno centro de Los Ángeles.

Plataformas petrolíferas en alta mar camufladas

También en Long Beach, se pueden ver desde el puerto cuatro islas artificiales que parecen imitar un parque de atracciones o unas modernas y coloridas torres de apartamentos. Quien las vea no se sorprenderá al saber que fueron diseñadas por Joseph Linesch, el arquitecto que ayudó a construir el primer parque de Disneylandia. Conocidas como las Astronaut Islands, las islas son desde 1965 las únicas plataformas petrolíferas marinas camufladas del país.

CELLULOID MONUMENT

Un grupo que luchó por la independencia de la ciudad

352 South Beverly Drive, Beverly Hills
Siempre visible desde las calles adyacentes

Este curioso monumento conmemorativo de mármol y bronce de casi 7 metros de altura, en forma de cinta cinematográfica sobre unas estatuas de estrellas de cine esculpidas, podría ser el enésimo homenaje de la ciudad a los héroes locales del séptimo arte, que dan forma a la imagen de Los Ángeles desde hace décadas. Sin embargo, alberga una historia mucho más política e, irónicamente, cuenta la historia de una rebelión contra la tentacular ciudad. Erigida en 1960, rinde homenaje a la lucha que llevaron a cabo varias estrellas del cine por mantener la independencia de Beverly Hills.

En efecto, aunque la "ciudad de las estrellas" se independizó en 1914, podría haber perdido este estatus y haberse dejado engullir por la megalópolis apenas diez años después, cuando esta última ofreció abastecer Beverly Hills de agua potable; el nervio de la guerra en California. Aunque forma parte del condado de Los Ángeles, el rico territorio constituye una especie de enclave, con su ayuntamiento y sus administraciones propias (como West Hollywood). En 1923, la mayoría de los residentes, de entre los cuales había ocho celebridades que vivían en estas famosas colinas desde principios del siglo XX, hicieron campaña para poder votar contra una posible anexión. Salieron victoriosos.

En el cruce de South Beverly Drive, Olympic Boulevard y South Beverwil Drive, el monumento octogonal, discreto a pesar de su tamaño (hay muchas posibilidades pase delante con el coche y de que no lo vea), muestra a Rodolfo Valentino, Will Rogers, Mary Pickford, Harold Lloyd, Fred Niblo, Tom Mix, Douglas Fairbanks y Conrad Nagel, vestidos con los trajes de sus papeles más famosos. Cada uno tiene una pequeña inscripción que recuerda el título de una película que les hizo famosos.

CASA DE LA BRUJA

La arquitectura europea idealizada por Hollywood

Spadena House (también conocida como «Witch's House»)
516 Walden Drive, Beverly Hills
Propiedad privada

Durante la posguerra de los años 1920, el auge de la industria cinematográfica, el desgaste de la era industrial y la fascinación por las distintas corrientes europeas dieron origen al estilo Storybook, en español "libro de historia" o "cuento de hadas". Aunque este tipo de casas, fáciles de encontrar durante las peregrinaciones arquitectónicas californianas, desentonan un poco con el decorado posmoderno de Los Ángeles, no son más que una versión hollywoodiense "disneyficada" de tendencias más comunes en Inglaterra, Francia, Flandes o Alemania, donde el estilo medieval volvió a estar de moda a finales del siglo XVIII.

Tal y como lo relata Arrol Gellener en su obra *Storybook Style*, dedicada a esta corriente, "la Gran Guerra envió a muchos jóvenes americanos a Europa, y muchos regresaron maravillados con la arquitectura romántica de Francia o de Alemania". Esta visión idealizada, minuciosamente revisada por arquitectos y directores artísticos acostumbrados a trabajar en sets de rodaje, dio lugar a formas irregulares, tejados muy empinados, minúsculas ventanas decoradas con vidrieras y postigos torcidos, chimeneas sacadas directamente de la imaginación de los hermanos Grimm y jardines que parecen abandonados.

El más conocido fue Harry Oliver, director artístico que proyectó la Spadena House (Spadena era el apellido de uno de sus primeros dueños) en 1921 como un estudio cinematográfico. Aunque a lo largo de los años sufrió varias reformas, sobre todo dentro, su inquietante estructura y su estanque en forma de foso hacen de esta casa una curiosidad deliciosamente anacrónica. Sigue siendo una propiedad privada a la que hay que conformarse con admirar (y fotografiar) desde la calle.

Otros edificios Storybook

Estas casas atípicas con sus fachadas de estilo decorado cinematográfico siguen disponibles para alquilar o comprar. En el 1330 North Formosa Avenue, Charlie Chaplin se construyó en 1923 un conjunto de cuatro casas que alquilaba (ahí vivieron Judy Garland y Douglas Fairbanks, entre otras estrellas).

Walt Disney se habría inspirado en el restaurante Tam O'Shanter (2980 Los Feliz Boulevard), que sigue abierto. En Silverlake, en el 2900 Griffith Park Boulevard, también hay un conjunto de ocho casas en las que se habrían inspirado los dibujantes de *Blancanieves y los siete enanitos*, que se estrenó seis años más tarde.

Hoy, irónico revés de las referencias, este complejo (que aparece en la película de David Lynch, *Mulholland Drive*) se llama Snow White Cottages.

THE O'NEILL HOUSE

Una casa en honor a Gaudí en Beverly Hills

507 North Rodeo Drive
Se ve desde la calle

En un país donde pocas barreras arquitectónicas delimitan lo que es legal construir o no, Los Ángeles ha llevado al paroxismo esta falta de regulación, multiplicada por las grandes fortunas dispuestas a hacer realidad sus visiones urbanistas más alocadas. Los estilos son muy variados, desde el Mid-Century hasta el brutalismo pasando por

el Storybook o el grecorromano con toques *kitsch*. En este juego de originalidad a ultranza, Beverly Hills gana con creces y su "criatura" más sorprendente es sin duda la O'Neill House, en la famosa Rodeo Drive, esa calle donde los famosos y las fortunas del mundo entero vienen a aplacar su sed de shopping de lujo bajo las palmeras.

Antes de que la calle cercana a Wilshire Boulevard fuese empinada y sinuosa, como una versión en miniatura (e idealizada) de París con sus tiendas caras, más al norte, a lo largo de caminos impecables, Rodeo Drive es una calle casi normal y una de las calles de acceso a Beverly Flats, ese barrio de casas de varios millones de dólares cada una más original que la otra. La primera casa, en la esquina Park Way, es un ejemplo. De arquitectura modernista estilo Gaudí, esta casa no tiene casi ángulos rectos, lo que multiplica las líneas sinuosas y asimétricas.

Sin embargo, originariamente, debajo del cemento se ocultaba una construcción tradicional.

Don O'neill, su dueño, fue marchante de arte y un apasionado de Gaudí que, junto con su esposa, quiso que su casa tuviese el toque modernista loco de la arquitectura catalana. Un proyecto de "reforma" que, a lo largo de los años, se extendió a toda la casa. Lamentablemente, como ocurrió con el visionario español, O'neill no llegó a ver su deseo terminado ya que murió en 1985, tres años antes de que su esposa Sandy O'neill terminase el proyecto con la ayuda del arquitecto Tom Oswalt. Reminiscencia del Parque Güell de Barcelona con una mezcla de tarta americana recubierta con demasiada nata, el edificio desentona, incluso en un barrio tan heterogéneo. El cemento blanco brota de los antefijos, algunas añadiduras de trencadís (esos mosaicos hechos con fragmentos de cerámica) adornan la fachada de ventanas ovaladas, y una estatua corona la entrada trasera que da a la calle paralela a la principal.

Las Watts Towers, un conjunto de ocho torres construidas entre 1921 y 1954 por Simon Rodia en el barrio pobre que lleva su nombre (al sur de L.A., justo encima de Compton), son otro homenaje a Gaudí. Víctimas de su éxito, están presentes en todas las guías.

FREDERICK R. WEISMAN
ART FOUNDATION

Quizás la colección privada más bonita del mundo

Holmby Hills (se facilitará la dirección exacta cuando se haga la reserva, por teléfono o por e-mail)
(+1) 310 277 5321
tours@weismanfoundation.org
weismanfoundation.org
Visitas guiadas gratuitas de lunes a viernes de 10:30 a 14 h, previa reserva únicamente

Magritte, Picasso, Warhol, Rauschenberg, Rothko, Haring, Cézanne, Giacometti, Noguchi, Calder, Kandinsky, Miró... En el corazón de una excepcional villa ubicada en las colinas se esconde una de las colecciones americanas de posguerra más importantes.

Colmo de la elegancia: pocas personas saben que existe.

Nacido en Minnesota, Frederick Weisman fue un empresario que cosechó un enorme éxito en el ámbito de la distribución (en los años 1970, creó la empresa Mid-Atlantic Toyota, primer importador de la famosa marca de coches japonesa en Estados Unidos).

Tras reunir a lo largo de los años una colección de obras de arte contemporáneo impresionante y muy coherente junto con las dos esposas que tuvo (Marcia Simon, y luego Billie Milam que durante un tiempo fue conservadora en los museos LACMA y Getty de Los Ángeles), Frederick compró en 1982 esta villa de estilo arquitectura neomediterránea con la idea de compartir sus preciosos descubrimientos y de crear un museo donde la gente viniese a pasear en vez de a visitar un museo austero.

El resultado es espectacular y tanto los muros, como el suelo y los techos permiten admirar una increíble colección de pinturas y esculturas de una calidad insólita y un enorme valor artístico. Los artistas más importantes del siglo pasado se han reunido aquí, atrapados por la belleza del lugar.

Se puede visitar la casa y el jardín, así como un anexo situado en el campus de la Universidad Pepperdine, en Malibú, previa cita únicamente.

Una parte de la colección está en el Frederick R. Weisman Art Museum de Mineápolis, un edificio de formas curvas situado en el campus de la Universidad de Minnesota. La estructura fue diseñada en 1993 por Frank Gehry en homenaje al hijo nativo, Weisman, que murió un año más tarde. De hecho, se parece a una versión angulosa del Walt Disney Concert Hall de L.A, obra maestra del genio, cerrando así el bucle. Más de 25 000 obras procedentes de colecciones privadas y públicas comparten protagonismo.

VISITA MENSUAL
A GREYSTONE MANSION

El famoso escenario de un crimen jamás resuelto

905 Loma Vista Drive
(+1) 310 286 0119
greystonemansion.org
Los jardines abren en invierno de 10 a 17 h, hasta las 18 h en verano
Cierra en Acción de Gracias, en Navidad y durante los rodajes y eventos
La mansión se visita previa reserva una vez al mes
Veladas misteriosas anuales: "The Manor"

Spiderman, *Columbo, Alias, Austin Powers, La red social, Los Muppets, El avión del presidente, Misión imposible, X-Men* (los famosos jardines de la escuela del Profesor X), sin contar los innumerables anuncios y programas de televisión: Greystone Mansion al igual que el parque que

la rodea, son sin duda los decorados "naturales" del cine que más utiliza Hollywood. Y sin embargo... Aunque muchos cinéfilos los reconocen de un solo vistazo desde su sofá, pocos son los locales que hacen el esfuerzo de ir a descubrirlos en directo, y muy pocos conocen su historia.

Aunque la mansión solo se puede visitar cuando se celebran eventos (musicales, teatrales...) puntuales, o una vez al mes con un *ranger*, el parque, que es público, gratuito y abre todo el año, permite apreciar de cerca el lujo de Beverly Hills sin las estrellas ni sus paparazzi, sino rodeados del fasto de unos magníficos jardines a la inglesa.

Más abajo se abren unas increíbles vistas a Beverly Hills y a West Hollywood, con los rascacielos de Downtown de fondo.

Un misterioso asesinato que se escenifica una vez al año

El estilo gótico neoclásico de la mansión fue el escenario de un drama muy real cuando, en 1929, cinco meses después de mudarse a Greystone, Edward "Ned" Dohenym, dueño del lugar, fue presuntamente asesinado por su secretario Hugh Plunket, a quien también encontraron muerto a su lado. La viuda de Ned, Lucy Smith, se volvió a casar y siguió viviendo en las 55 habitaciones de la mansión repartidas en 4300 m², mientras que la policía y los periodistas seguían investigando el misterioso asesinato de la mansión, que no ha llegado a resolverse aún. Cada año, en enero, se puede participar incluso en la "reconstitución" en trajes de época del crimen, durante una velada tipo Cluedo a escala llamada The Manor. Porque, como siempre ocurre en Hollywood, otras versiones evocan el suicidio del heredero a causa de oscuras historias de sobornos que implicaban a su padre, magnate del petróleo o bien una historia de amor prohibida que habría terminado mal...

La mansión que sirvió de inspiración para una novela cuya adaptación se rodó en la propia mansión...

En 1927, Upton Sinclair se inspiró en el padre de Ned Doheny, Edward L. Doheny, para escribir Oil! Paul Thomas Anderson la adaptó libremente en 2007 en Pozos de ambición, película de la que se rodaron algunas escenas en Greystone Mansion, como el icónico enfrentamiento en la bolera situada en el sótano de la imponente casa.

LA PLACA QUE MARCA EL CENTRO EXACTO DE LA CIUDAD

Encontrar este tesoro es toda una hazaña

Franklin Canyon Park

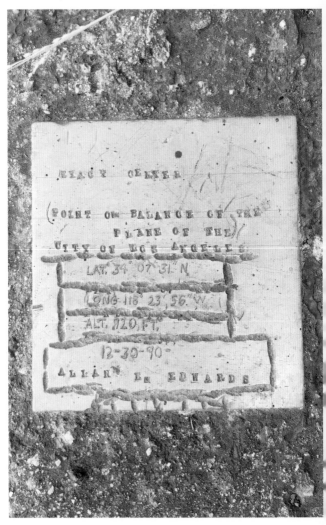

En 1937, la escritora feminista y coleccionista de arte Gertrude Stein escribió en su autobiografía lo siguiente sobre Oakland, su ciudad de infancia: *"there is no there there"*. Una frase que forma parte del lenguaje común americano para destacar la ausencia de características significativas de un lugar o de una situación. Algo así como "No hay allí ahí". Lamentablemente, este aforismo se usa a menudo para este rincón de California por los turistas, que critican que Los Ángeles no tiene interés ni "centro". En efecto, ¿dónde está el centro de la ciudad de L.A.? ¿Es Downtown? ¿Hollywood? ¿Santa Mónica? ¿Griffith Park? ¿Mid-City? ¿LAX? ¿Dónde se esconde su auténtico centro de gravedad?

Para contestar a esta obsesiva pregunta, Allan Edwards, geólogo y guía turístico de profesión, fabricó con sus propias manos una placa metálica en 1990 que colocó en medio del desconocido Franklin Canyon Park. Aunque el Servicio de Parques Nacionales nunca ha reconocido oficialmente la placa, la ciudad la usa oficiosamente como centro topográfico.

Para encontrarla hay que armarse de paciencia y de valor. Tras aparcar en el aparcamiento principal del parque (un área polvorienta y sin asfaltar), sube andando hasta la segunda parte del aparcamiento, que está algo más alto. Ahí, toma el Chaparral Trail, un camino muy empinado donde, unos veinte metros más adelante, hay que girar a la izquierda. Un pequeño foso, con un gran arbusto a la izquierda, marca el principio de otro camino paralelo, donde un bonito puente de madera te espera. En medio del puente está el camino principal.

Ahí, un minúsculo montículo de tierra alberga la famosa placa, de la que muy pocos locales y turistas han oído hablar. ¡Enhorabuena! Formas parte del club aún "selecto" de las pocas personas que la han visto. Lleva grabadas las siguientes palabras: *Exact Center. Point of balance of the plane of the city of Los Angeles*, más las coordenadas GPS, la fecha del 30 de diciembre de 1990 y la firma de Allan E. Edwards. Esto no te aportará mucho valor, pero sí la enorme satisfacción de haber pisado, en plena naturaleza, el centro de una ciudad sin centro: al fin y al cabo, sí que hay un *"there there"*.

PASEO POR LA ZONA
DE DEFENSA ANTIMISIL LA-96C

Un paseo por los vestigios de la Guerra Fría

San Vicente Mountain Park
17500 Mulholland Drive, Encino
(+1) 310 858 7272
lamountains.com
Abierto y accesible todo el año

Cuando uno explora San Vicente Mountain Park, entre Bel-Air y Encino, en las montañas por encima de Santa Mónica, los primeros kilómetros de este bucle (que tiene catorce) no tienen nada de especial.

Es al llegar a la cima, en el límite de este tramo sin pavimentar de Mulholland Drive, cuando nuestra vista se siente atraída por unos extraños vestigios sacados directamente de una película de propaganda militarista, con su plataforma para radar, sus antenas y su torre de vigilancia.

Y con razón: las vistas de 360º se obtienen desde una zona de control de misiles donde los carteles indicativos desvelan una realidad marcial: de 1956 a 1968, en plena Guerra Fría, dieciséis bases de defensa antiaérea contra aviones soviéticos rodeaban Los Ángeles. Radares y sistemas informáticos llamados Nike-Ajax (según la diosa griega de la victoria y el famoso héroe griego) tenían como objetivo derribar aviones rusos lanzando los misiles supersónicos desde la base de Sepulveda Basin en caso de ataque atómico, para una interceptación inmediata. Obviamente, no se lanzó nunca ningún misil, y la mayoría de los habitantes actuales de la ciudad ignoran que antaño estuvo rodeada de bases militares creando un círculo de protección.

Sin embargo, en aquella época, el apocalipsis prometido ocupaba todos los periódicos y telediarios. El miedo a un ataque nuclear procedente del oeste o del norte confundía las mentes, unos vídeos animaban a la población a refugiarse si sonaba la sirena, y, por orden del Pentágono, los hombres iban y venían a las bases para vigilar las ciudades.

Desde finales de los años 1960, el programa de vigilancia Nike se hizo obsoleto a causa de la fabricación de misiles balísticos, nuevos portadores y más sigilosos de una amenaza nuclear siempre apremiante. La base LA-96C y las otras quince pasaron a manos del Estado de California convertidos en parques regionales gracias a la iniciativa de organismos de protección de la naturaleza, que lucharon para que estos lugares abrieran al público, a pesar de la reticencia del gobierno americano. Sin embargo, no todas las bases de vigilancia tuvieron el mismo destino: la de Malibú, por ejemplo, es ahora un campo de entrenamiento para los bomberos locales, y la de Fort MacArthur un museo.

A tener en cuenta: se puede acceder en coche a estos impresionantes vestigios de la Guerra Fría y aparcar directamente en el aparcamiento del parque, situado a un kilómetro al oeste del tramo sin pavimentar de Mulholland Drive, para disfrutar de la Historia sin necesidad de hacer una dura caminata.

LA FUENTE SAGRADA
DE LOS INDIOS TONGVA

En las tierras de los pueblos indios

Manantial Serra Springs
11800 Texas Avenue
(+1) 916 445 7000; ohp.parks.ca.gov/ListedResources/Detail/522
Visible desde el estadio del colegio universitario

Réplica del pueblo Tongva
Heritage Park, 12100 Mora Drive, Santa Fe Springs
(+1) 562 946 6476; santafesprings.org
De mayo a octubre de 7 a 20 h durante la semana y de 9 a 20 h el fin de
semana
De finales de octubre a finales de abril: de 7 a 17 h durante la semana y de 9 a
17 h el fin de semana
Parque cerrado los días festivos

Antes de que los primeros colonos españoles se instalasen en esta región para establecer la misión del arcángel San Gabriel, cuarta misión española en California (fundada hacia 1771), los indios Tongva vivían en estas tierras desde hacía más de 2500 años. Perseguidos, se vieron rápidamente obligados a convertirse al catolicismo y a mudarse al territorio de la misión, donde los rebautizaron como gabrielinos, a pesar de sus numerosos intentos de rebelión. Antes, sus tribus ocupaban toda la costa y cuenca de Los Ángeles, formando complejas sociedades alrededor de los ríos y manantiales.

Dos de estos manantiales pueden verse desde el campus del colegio universitario, ocultos en una especie de sotobosque yermo, entre unas aulas y el campo deportivo donde los alumnos entrenan. Para verlos bien (a través de una reja), hay que aparcar en el aparcamiento del colegio universitario y bordear a pie el césped del estadio hasta la esquina noreste. Detrás de la abundante vegetación y al lado de una discreta placa con el número 522 (todos los lugares protegidos de Los Ángeles están numerados) están los dos manantiales.

En Santa Fe Springs, una parte de Heritage Park, recién rehabilitado, alberga la reconstitución de un enclave autóctono muy importante para los *nativos* de la región. El entorno original de los indios Tongva se ha creado en medio de los árboles. Al no ser nómadas no hay tipis, pero sí una cabaña y una canoa de sauce y carrizo (*scirpus*) de tallo duro (una especie de junco). Aunque no son originales, están en la tierra en la que vivieron los Tongva antes de ser expulsados, desvelando un espacio conmovedor y siendo una buena muestra de cómo fue la vida de las poblaciones precolombinas en esta parte del mundo.

El "museo de los indios"... y el de los vaqueros

Lo más interesante de esta cultura prácticamente desaparecida está en el Southwest Museum of the American Indian (234 Museum Drive, barrio de Mount Washington), magnífico museo inaugurado en 1914 por el antropólogo y periodista Charles Lummis, fundador de la Southwest Society, una rama californiana del Instituto Arqueológico de América.

Para conocer la otra versión de la historia, a saber, la de los vencedores de esta sangrienta conquista del Oeste, hay que ir al Autry Museum of the American West (Griffith Park, 4700 Western Heritage Way), donde los vaqueros están mucho mejor valorados que los indios.

LAS MAQUETAS DE ARCILLA DEL MUSEO BHAGAVAD-GITA

Secretos y misterios de una rama controvertida del hinduismo

3764 Watseka Avenue
(+1) 310-845-9333
bgmuseum.com
Todos los días de 10 a 17 h
Restaurante du lunes a sábado de 11 a 15 h y de 17 a 20:30 h
Metro: Expo Line, parada Palms

Extraído del *Mahabhárata*, un escrito épico-mitológico que relata todos los episodios de la mitología hindú, la *Bhagavad-gita* es uno de los textos fundadores del hinduismo. Considerado uno de los poemas más importantes del planeta, mezcla relatos históricos, mitológicos y filosóficos, y sigue siendo venerado por millones de personas en la India y en el mundo entero.

En 1977, un museo con 11 esculturas que retoman partes de este libro sagrado abrió en Culver City, en el centro de la muy activa comunidad Hare Krishna. Recordemos que, aunque este movimiento

es considerado en la India como una de las ramas del hinduismo, en Occidente suelen tratarlo a menudo de secta. Swami Prabhupada, en aquella época líder y fundador en Nueva York de la Asociación Internacional para la Consciencia de Krishna, había regresado varias veces a su país natal para aprender las técnicas vigentes en la antigua India, para luego llevarlas a Estados Unidos. Los discípulos locales construyeron aquí las esculturas de arcilla. Bambú, paja y cáscaras de arroz dibujan muñecas realistas, con rostros expresivos y pintadas a mano; algunas provistas de un motor eléctrico integrado para darles movimiento. Todo amenizado con música.

En una misteriosa y casi inquietante penumbra, la visita autoguiada de 45 minutos permite moverse en completa libertad entre las esculturas, leer su historia y aprender sobre el transcendentalismo.

Hay dos visitas guiadas más, una de 60 minutos y otra de 90 que permiten entender mejor los retos y aspiraciones de esta comunidad desconocida.

La última opción incluye un desayuno en Govinda, el restaurante vegetariano adyacente, de muy buena calidad. Para los visitantes más materialistas, los devotos también tienen una tienda de *souvenirs*, llena de joyas, ropa, instrumentos musicales, libros y CD sobre la cultura india y sus diversas religiones y filosofías, un viaje sorprendente y a veces intimidante a los entresijos de la religión hindú.

THE MUSEUM
OF JURASSIC TECHNOLOGY

Un gabinete de curiosidades lleno de reliquias misteriosas

9341 Venice Blvd
310-836-6131
mjt.org
Jueves de 14 a 20 h, viernes a domingo de 12 a 18 h

escribir este museo no es tarea fácil, y esa es justamente la idea. The Museum of Jurassic Technology busca ser un "museo enfocado en la investigación y el reconocimiento del Jurásico inferior". La relación entre este objetivo y sus colecciones bien cuidadas está aún por descubrir.

Es un hecho que los datos empíricos son algo raro en este gabinete de curiosidades con aspecto de laberinto, donde enrevesadas ficciones conviven exitosamente con realidades fantásticas, presentadas con un respeto sereno casi científico.

Fundado en 1988 por Diana y David Hildebrand Wilson, artistas y conservadores, The Museum of Jurassic Technology se esconde detrás de una fachada anodina en Culver City. Este templo de lo extraño, que ocupa dos plantas, alberga centenares de reliquias misteriosas de procedencia oscura, rozando cada una alegremente la frontera entre los hechos y la ficción. Unos dioramas que reproducen las casas rodantes de Los Ángeles, esas casas nómadas preparadas para un eventual apocalipsis, la Crucifixión grabada con delicadeza en el hueso de una fruta, un homenaje a los perros del programa espacial ruso o una colección de dados antiguos en descomposición que alguna vez fue propiedad del mago Ricky Jay son solo la parte emergente de este alquímico iceberg.

Venir por las curiosidades, quedarse a tomar una taza de té en la tranquila azotea, en este santuario que forma parte de los lugares más insólitos de la ciudad.

© *Sgerbic*

EL APARTAMENTO
DE *EL GRAN LEBOWSKI*

El Nota ha dejado su huella por todas partes

608 Venezia Avenue, Venice
Casa visible desde la calle
Metro: Expo Line, parada Palms

*E*l *gran Lebowski* (1998), película de culto de los hermanos Coen, tiene fans incondicionales que no pueden evitar sacar las mejores frases en cada conversación.

Aunque las rocambolescas historias de El Nota (*The Dude* en inglés), interpretado por Jeff Bridges, le llevan a distintos rincones de Los Ángeles y por las distintas clases sociales de la ciudad, es en esta casa donde empieza su aventura: la casa en la que dos delincuentes orinan sobre la alfombra del hombre que han confundido con otro Lebowski.

Un conjunto de seis bungalós de tamaño modesto, que se vendieron varias veces durante el rodaje, la última vez por la bonita suma de 2,3 millones de dólares en 2012. Hoy, al Nota, desempleado ocioso y fan de los bolos, le sería difícil pagar el alquiler en semejante barrio, convertido en la quintaesencia de L.A. de moda.

Aunque las escenas interiores se rodaron en estudios de grabación en West Hollywood, la callejuela situada entre Venice Boulevard y Abbot Kinney es la de los tejados puntiagudos pintados de blanco de esta "urbanización Gran Lebowski", como así lo apodaron desde entonces los agentes inmobiliarios.

La calle también sale en las escenas en las que Jeff Bridges llega a su casa en la limusina de su homónimo rico, o cuando descubre que un detective le está siguiendo.

Peregrinación para los fans del Nota (*The Dude*)

De los lugares de peregrinación "granlebowsquianos" que los cinéfilos obsesivos buscan descubrir destacaríamos la magnífica casa Sheats-Goldstein, una maravilla arquitectónica modernista con su artesonado de hormigón, situada en Holmby Hills.

O Johnie's Coffee Shop, la cafetería más tradicional que cerró en 2000 y que ahora sirve de decorado para las producciones de Hollywood.

No hay que olvidarse de la ciudad perdida de San Pedro (ver pág. 222) donde los amigos de Donny, interpretado por Steve Buscemi, esparcen, no sin cierta dificultad, sus cenizas. Finalmente, la película también se desarrolla en el salón, escaleras y pasillos de la mansión Greystone (ver pág. 106), una casa de obligada visita.

Todos estos hitos culturales hacen de Los Ángeles un terreno de juego único para los amantes de la búsqueda de los tesoros cinéfilos, y no solo para los admiradores de los hermanos Coen.

MOSAIC TILE HOUSE

Una extravagante casa totalmente revestida de trencadís

1116 Palms, Venice
mosaictilehouse.com
Sábado de 13 a 16 h. Se recomienda reservar
Gratis para los menores de 12 años

Con humor jovial, Gonzalo Duran, artista y dueño de esta increíble casa en Venice, se deleita, una vez a la semana durante unas horas, en enseñar su casa, recalcando que él y su mujer Cheri Pann viven aquí todo el año. Sin embargo, desde que accedes al jardín, la convivencia entre el ser humano y la materia no parece francamente algo ideal: hay

trozos de cristal, porcelana, cerámica y metal (para las pocas puertas que tiene) por todas partes que se entremezclan, cuelgan de los árboles, dejando poca libertad de movimiento al visitante, que se ve obligado a contorsionarse para entrar al patio, a no tocar nada para no romper la cocina que parece muy frágil, o los cuadros delicadamente colocados.

El material de estos mosaicos únicos es a veces bastante tosco, como las asas de las tazas o las estatuillas pegadas aquí y allá, haciendo que la casa, el estudio y los lugares de paso parezcan una serpiente en constante movimiento, lista para devorarte.

El patio trasero está más despejado, con retratos pintados por Cheri y máquinas burlescas fabricadas por Gonzalo que sigue con la visita haciendo bromas, antes de pasar al ritual de los *selfies* en la entrada, que son de lo más original gracias a los muros revestidos de trozos de vidrio que reflejan tu propia imagen.

Cheri, americana del barrio de Boyle Heights, ha hecho del color su estilo de vida, pintando e imprimiendo sin cesar. La creación de este laberinto de mosaicos infinito empezó en 1994 cuando compraron la casa con un jardín lo suficientemente grande para instalar su estudio artístico. Desde entonces, el arte lo ha colonizado todo. "Empezamos por el cuarto de baño, donde quisimos colocar pequeños azulejos, y desde entonces no hemos parado", declara Gonzalo Duran, de 74 años, nacido en México y criado en East Los Angeles. El matrimonio espera que su casa, única, figure algún día en el registro de los Monumentos Históricos de la Comisión del Patrimonio Cultural de la ciudad.

Mientras tanto, los trencadís estilo Gaudí siguen fascinando, una forma de arte privilegiado de artistas reconocidos que no parecen en absoluto perderse, ni considerar este estilo demasiado recargado. "Existe un equilibrio en todo esto, uno se ubica", concluye Gonzalo, travieso.

Phantasma Gloria

Conocida bajo el nombre de Phantasma Gloria, una increíble escultura de 7 metros de alto, hecha con botellas y objetos de vidrio, se puede ver desde la calle en el jardín de una casa del barrio de Echo Park. Es una obra en constante evolución del artista Randlett Lawrence (Randy), a quien le encantará mostrarte su Edén colorido, tras reservar tu visita.

Un joya.

1648 Lemoyne Street
randylandla.com
+1 213-278-1508
Visitas los fines de semana de 10 a 16 h

EL PUESTO DE SALVAMENTO COLOR ARCOÍRIS DE VENICE BEACH

Un homenaje conmovedor en una de las playas más icónicas de L.A.

Venice Pride Flag Lifeguard Tower
998 Ocean Front Walk, en Venice (al final de Brooks Avenue)
(+1) 424 330 7788; venicepride.org
Todos los días de 7 a 20 h
Metro: Expo Line, parada Downtown Santa Monica

No hace falta ser de la comunidad LGBT+ para apreciar la originalidad de los colores del puesto de salvamento situado al final de Brooks Avenue. Su color arcoíris hace que este refugio estilo *Los vigilantes de la playa* (*Baywatch* en versión original) que protege a los socorristas más famosos del planeta, sea sin duda el más "instagrameable" de toda la costa californiana. Además, su historia en forma de homenaje es muy especial y conmovedora.

Flashback: el oeste de la ciudad ha sido durante muchos años un remanso de paz para las poblaciones "al margen" de la alta sociedad. Pero cuando West Hollywood se convirtió en la primera "ciudad gay" del país en 1984, se produjo un lento éxodo hacia el este. Fue algo tan extraordinario que el último bar gay del West Side cerró sus puertas en 2016.

Con la esperanza de revitalizar la comunidad al oeste de la autopista 405, que separa dos conceptos de vida muy distintos en L.A., la *Venice Pride Organization* organizó una serie de eventos el mismo año. Los artistas Patrick Marston y Michael Brunt fueron los encargados de darle otro color a uno de los famosos puestos de salvamento, históricamente pintado de azul cielo, con motivo del *Mes del Orgullo*. Cabe señalar que este trozo de playa acaba de ser rebautizada con el nombre de Bill Rosendahl Memorial Beach.

Bill Rosendahl fue miembro del Consejo Municipal de Los Ángeles de 2005 a 2013. Abiertamente homosexual, impulsó la creación de la línea de metro Expo, que une el centro de la ciudad con la playa. Profesor de universidad y presentador de televisión antes de dedicarse a la causa pública, falleció en 2016. El puesto de salvamento, que al principio iba a lucir temporalmente sus vistosos colores, fue rescatado de una vida aburrida por el actor militante Colin Campbell, quien hizo circular una petición para conservar sus nuevos y brillantes colores.

Como la estructura ya es una instalación permanente, independientemente de las preferencias que uno tenga, no dejes de ponerte tu mejor bañador y ven a celebrar la diversidad en Venice Beach. Y no te olvides de tu cámara de fotos. Puedes matar dos pájaros de un tiro capturando en un mismo fotograma el arco íris que adorna el puesto de salvamento y los famosos salvavidas rojos sacados directamente de una de las series más icónicas del estado.

EL FINAL "OFICIAL" DE LA RUTA 66

Varios recorridos disponibles

Cruce de Lincoln Boulevard con Olympic Boulevard, en Santa Mónica
El resto de direcciones está entre Santa Mónica y Needles, la última ciudad
antes de la frontera con Arizona

A diferencia del resto de Estados por los que pasa, la Ruta 66, por muy mítica que sea, no es fácil de seguir en California, y especialmente si se sale del Muelle de Santa Mónica, donde un cartel muy fotogénico marca sin embargo el final (o el principio, según vaya de este a oeste o en sentido inverso) de su recorrido. Esto se debe a los "reajustes" que se han hecho durante años, en especial cuando se construyeron las autopistas alrededor y dentro de Los Ángeles, multiplicando así los recorridos, desde Downtown hasta Pasadena. Originalmente, el final no estaba en el famoso embarcadero, sino en la intersección de los bulevares Lincoln y Olympic, lejos de la playa, antes de que se construyera una carretera artificial hasta

el océano Pacífico.

En esta ubicación original y venerada por los adeptos y los motoristas, una cafetería histórica de arquitectura Googie, el Penguin's Coffee Shop, convertida en 1991 en clínica dental, acaba de ser comprada por una cadena de comida rápida que ha decidido colocar en un lugar visible un cartel que indica el "auténtico" final de la ruta, el de 1936.

Más al este, en Highland Park, otra incongruencia: hay tres caminos distintos. Un reajuste que data de 1932, un trozo de Figueroa Avenue (1936-1940) y por último un camino hacia Arroyo Seco Parkway (1940-1964), antes de que esta ruta verde se convirtiese en la primera autopista que bordea el corredor 66.

Pero no son los más espectaculares. Los primeros kilómetros que llevan a Needles, la última ciudad antes de la frontera con Arizona, esconden algunos lugares interesantes como las villas y los carteles de neón de Pasadena, el Wigwam Motel en forma de tipi, el primer McDonald's de Estados Unidos (transformado en museo a la gloria de los dos hermanos creadores de la comida rápida, Richard y Maurice McDonald) en San Bernardino, o los quioscos en forma de naranja en Fontana. Todos llevan las huellas indelebles de la Ruta 66 en su ADN.

GRUNION RUN

Cuando la playa brilla a la luz de la luna

En muchas playas del condado de Los Ángeles y en toda California del Sur, de
finales de marzo a principios de junio
Consultar el programa y los mejores lugares en californiabeaches.com

Entre finales de marzo y principios de junio, en plena noche, la playa de Santa Mónica suele estar salpicada de grupos de personas abrigadas, equipadas con linternas frontales y con cubos. Familias enteras se reúnen aquí para intentar pescar un pez que solo se puede encontrar aquí... el pejerrey californiano.

"El pejerrey californiano (Leuresthes tenuis) es un pez óseo de la familia 'Atherinopsidae", Wikipedia dixit. Autóctono de la costa del Pacífico, en una zona que se extiende desde la bahía de Monterrey hasta Baja California (México), parece una pequeña sardina o angula – el alevín de la anguila. Pero, aparte de su carácter endémico, lo que fascina es su modo de reproducción, exclusivamente nocturno, que cada año ofrece a los pescadores y a los curiosos un espectáculo único (y regulado). Durante algunas semanas, cientos de miles de peces hembras se precipitan a la orilla para desovar sus huevos, antes de que los machos, que también están fuera del agua, los fecunden. El resultado es espectacular: algunas playas del condado empiezan a brillar por los innumerables peces minúsculos que se agitan bajo la luz de la luna.

En su libro titulado *Grayson* (2007), Lynne Cox, célebre nadadora profesional en aguas abiertas y ahora escritora, describe con infinidad de detalles el proceso y el espectáculo que se crea: "Cuando la hembra llega a la playa, hace un agujero con su cola, retorciéndose sobre la arena húmeda hasta quedar enterrada a la altura de la boca. Desova hasta 3000 huevos de una tacada, luego un macho se enrosca sobre ella, expulsa la lechaza y fertiliza los huevos. Estos se incuban durante diez días en la cálida arena (...) Es un acontecimiento importante en California del Sur. En verano, me juntaba a menudo con mis amigos y nos instalábamos en la orilla de la playa tapados con unas mantas y esperábamos a los pejerreyes". Lynne Cox también cuenta que podemos entretenernos agarrándolos y soltándolos de inmediato. Y tampoco tenemos por qué comerlos fritos después de haber disfrutado del espectáculo. De hecho, las autoridades locales animan a los participantes mayores de 16 a comprar una licencia de pesca y a pescar una cantidad "razonable" de peces, para evitar la sobrepesca y causar un posible desequilibrio medioambiental.

Cabe señalar que, con el fin de proteger al máximo este milagro de la naturaleza, está prohibido hacer agujeros en la arena para capturar a los pejerreyes, bajo pena de multa. Por último, se recomienda encarecidamente permanecer lo más silencioso posible y no utilizar una luz muy fuerte, como la de las linternas eléctricas.

LA CASA DE FRANK GEHRY

La residencia privada del maestro

Gehry Residence
1002 22nd Street, Santa Mónica
foga.com
Se puede ver todo el año desde la calle

Es difícil determinar, cuando uno llega a la esquina de la calle 22 y Washington Avenue, en Santa Mónica, de qué tipo de arquitectura es esta típica casa de barrio americana reforzada con partes de metal y ventanas asimétricas con armazones de madera. Una cosa es cierta: el primer nombre de arquitecto que se nos viene a la cabeza no puede ser otro que el de Frank Gehry, por lo especial que es su estilo: esta es la casa gracias a la cual su carrera despegó a finales de los años 1970.

Aluminio y vallas de apariencia barata se disputan el espacio, junto con enormes ventanales inclinados que dejan ver la estructura original de la casa, más bien modesta. Recuerda a la vez al Walt Disney Concert Hall, en *downtown*, prestigiosa sede de la orquesta sinfónica de Los Ángeles, con paneles ondulados, pero también a la Fundación Louis Vuitton en París, con su tejado acristalado en forma de concha: dos de las creaciones más icónicas del maestro.

En menor proporción, los colores tierra son una respuesta a las oficinas actuales de Google, edificios originalmente diseñados en Venice Beach para la agencia de publicidad Chiat/Day en 1991, antes de que Gehry realizara su gran obra para la ciudad de L.A. Fácilmente identificable, la construcción de Gehry está al lado de la enorme escultura de unos prismáticos (una obra de arte de Claes Oldenburg y Coosje van Bruggen), en 340 Main Street.

El bungaló de los años 1920 donde hoy vive no tiene la majestuosidad de sus creaciones posteriores, pero muestra claramente las bases del movimiento deconstructivista. Claro está, como todo atrevimiento arquitectónico, fue objeto de odio durante mucho tiempo antes de que la comprasen, sobre todo por parte de los vecinos que tiraban sus basuras en el jardín. Qué decepción se llevarían cuando constataron, con los años, que su ilustre residente estaba cambiando el aspecto de la ciudad para siempre, multiplicando sus proyectos en este rincón del sur de California, ganando cada vez más fama y reconocimiento.

Sin embargo, el arquitecto lleva años diciendo que quiere "liberarse y liberar a su familia de la fuerte influencia de esta excéntrica residencia" y de su fuerte carga simbólica construyendo otra casa en Santa Mónica. Al fin, este proyecto, de líneas más tradicionales, aunque posmodernistas, es ahora el nuevo hogar del arquitecto.

THE EAMES HOUSE

Como un origami *de Mondrian*

Case Study House n°8
203 North Chautauqua Boulevard, Pacific Palisades
eamesfoundation.org - (+1) 310 459 9663
Reserva obligatoria (con al menos 48 horas de antelación)
Exteriores: 10 $. Gratis para los estudiantes ; interior: 250 $ de 1 a 2 personas

Ray y Charles Eames eran seguramente la pareja de diseñadores más importante del siglo XX. Su icónico mobiliario (en especial el sillón

Eames Lounge Chair, del que se han vendido 6 millones de ejemplares en todo el mundo desde que se creó en 1956) aunó el diseño de alta gama y la producción en masa.

El programa de las *Case Study Houses*, un experimento arquitectónico puramente californiano, desde 1945 hasta 1966, cuyo objetivo era construir casas modelo económicas y funcionales, fue testigo de cómo Charles Eames y Eero Saarinen diseñaron un edificio moderno de hormigón, metal negro y vidrio, revestido de paneles pintados con colores primarios, como un *origami* hecho por Mondrian. "Las casas deben poder construirse y no ser, de ningún modo, creaciones particulares", anunciaba el programa que dio origen a 36 proyectos atípicos, desde el diseño más sencillo hasta las aspiraciones más nobles.

Esta *Case Study House nº 8*, ubicada en Pacific Palisades, fue desde 1949 la casa de la pareja *Eames*, quienes la modificaron para apropiarse del espacio y crear en ella prototipos de objetos de uso cotidiano. Una especie de casa-taller en constante evolución cuyo corazón latía al ritmo de sus habitantes, exigentes con su sencillez. Vivieron en ella hasta sus respectivas muertes, en 1978 y en 1988.

Ahora, la casa es un museo que se hace desear. No tiene aparcamiento (lo mejor es que le lleven), la reserva es obligatoria y con al menos 48 horas de antelación – se recomienda hacerla una semana antes –, está prohibido hacer fotos del interior de la casa, cuya visita es cara). Efectivamente, las normas son más bien estrictas, pero la visita es una experiencia única: las hojas de los árboles juegan con los muros de vidrio desde el jardín, el sonido de los pájaros inunda el espacio, los olores de las materias primas están por todas partes, la naturaleza es omnipresente, todo parece que está sin terminar, todo parece radical, y sin embargo, es una casa para vivir... De hecho, uno se siente realmente en casa lejos de casa. Igual que en un museo interior, abierto a los cuatro vientos.

SENDERISMO EN MURPHY RANCH ㉟

Un campo nazi abandonado

Sullivan Fire Rd, Pacific Palisades
Abierto todo el año
Via Casale Road, al norte de Pacific Palisades, por Interstate 405 o Highway 1 (CA-1 N)
Gratuito

En Los Ángeles, el *hike* es una religión. No es trekking de montaña en el sentido que le damos normalmente, con vivac y mochilas de treinta kilos, sino más bien un paseo deportivo en las colinas de la ciudad durante una mañana o una tarde, con la idea de relajarse, y a veces de observar o de ser visto, los famosos comparten la misma afición

que el común de los mortales.

En el entramado de hormigón de los intercambiadores y de las construcciones que representan el cliché más común cuando evocamos la "capital" de California del Sur, responde a un conjunto de colinas, cimas y cañones que permiten que los habitantes puedan escapar del ajetreo de la ciudad en quince minutos de reloj. Cuando llegan a los pliegues de la tierra les esperan muchas sorpresas.

No es raro cruzarse con coyotes, los *mountain lions* (pumas) vigilan al visitante de lejos y la característica flora de los climas semiáridos toma el control. Ni un ruido, el cambio de aires está garantizado.

Pero en este juego, Murphy Ranch ocupa el primer lugar. Imagínese: un camino empinadísimo a prueba de tobillos, 500 peldaños artificiales que se hunden en las profundidades del cañón, y de repente, estructuras antiguas, antaño habitables, que han tapado la vegetación y grafitis. Y una historia... ¡y qué historia!

Hay que volver a los años 1930, mucho antes de que Charles Manson y su "familia" sembrasen el terror en la zona. Antes de la Segunda Guerra Mundial, Herr Schmidt, un misterioso alemán, le habría sugerido a un rico matrimonio de los alrededores, Winona y Norman Stephens, construir una ciudad ideal y autosuficiente para estar preparados ante la llegada del reino nazi mundial, que supuestamente iba a extenderse por todo Estados Unidos tras la guerra ganada por las tropas alemanas. La idea era edificar una base escondida para servir a la causa y refugiarse en ella en caso de que cayera el gobierno americano. Cuando Estados Unidos entró en guerra en 1941, las obras, cuyos vestigios se pueden ver hoy, se detuvieron *ipso facto*. La casa de cuatro plantas, espejo del fasto de la alta sociedad nazi, no vio nunca la luz, y 50 personas fueron detenidas en el rancho justo después del ataque de Pearl Harbor.

Campo de juego preferido de los grafiteros locales, vallada a menudo por el Ayuntamiento que también clausura los accesos de los edificios con maderas, la caminata de 6,5 kilómetros ida y vuelta es una exploración de los estragos del tiempo, prácticamente en modo *urbex* (*urban exploration*), ya que generalmente nuevos caminantes reabren el acceso, destinado a la destrucción.

En Topanga Canyon, tras pasar la reja, el primer sendero húmedo y las escaleras, descubrirá los muros de la granja y los de una central eléctrica, parecidos a búnkeres improvisados, que ahora están pintados, de manera desigual, tras haber quedado abandonados durante años. Lo mismo ocurre con las baldosas de hormigón que antaño simbolizaban jardines. Los restos de un hangar y de un tanque completan el conjunto. Aquí el frescor llega antes que en el valle, cargando el lugar de ondas siniestras e invitando a los fantasmas de una ucronía aterradora a una caminata embrujada.

LOS SETS DE RODAJE ABANDONADOS DE LA SERIA *M*A*S*H*

En Malibú, los vestigios de una guerra de Corea ficticia

Malibu Creek State Park
1925 Las Virgenes Road (luego paseo por Crags Road)
(+1) 818-880-0367; malibucreekstatepark.org/MASH.html
Parque abierto desde el amanecer hasta la puesta de sol

© Marc Stabler

Unas vistas impresionantes, unos picos escarpados, un paseo entre sicomoros, una escalada, una piscina natural de piedra volcánica, una represa, unas colinas cubiertas de hierbas o chaparral, un riachuelo… Al norte de ciudad que le da el nombre, Malibu Creek State Park, en las montañas de Santa Mónica, ofrece 32 kilómetros cuadradas de naturaleza excepcional donde antaño vivieron los indios chumash.

Aquí se rodó, entre 1972 y 1983, *M*A*S*H* (Mobile Army Surgical Hospital), serie mítica de la televisión americana ganadora de múltiples premios. Los estudios 20th Century Fox tenía aquí un rancho que sirvió de decorado para el rodaje de esta comedia dramática sobre la vida diaria de una unidad quirúrgica de campaña, ubicada supuestamente en Corea durante la guerra. De hecho, los 251 episodios de esta comedia no solo han dejado huella en la memoria colectiva.

Desde los vehículos hasta la señalética, pasando por las mesas, muchos de los accesorios fueron abandonados *in situ* cuando el estudio donó el rancho a la ciudad. Los excursionistas de la región, a quienes les encanta este increíble camino, empezaron entonces a ir para rendir homenaje a los vestigios. Devorados por el óxido, se restauraron en los años 2000, hasta que el incendio de Woolsey en noviembre de 2018 causó estragos en una parte del rancho.

Pero, se pueden seguir visitando, yendo por Crags Road, acceso principal y sendero de 7,5 kilómetros (con un ligero desnivel de 60 metros), tras aparcar en 1925 Las Virgenes Road. Los restos del rodaje de M*A*S*H se pueden ver aproximadamente a mitad de camino. También hay caminos alternativos como South Grassland Trail y Cistern Trail.

© Marry B

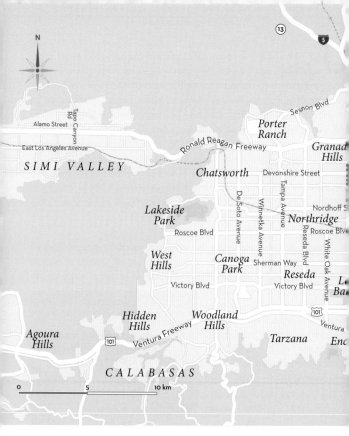

Valle de San Fernando

BAXTER STREET

Una de las calles más empinadas de Estados Unidos

Siempre accesible

Aunque San Francisco, originalmente construida sobre siete colinas, tiene la fama de ser la ciudad con la mayor cantidad de calles empinadas, Los Ángeles, a pesar de su imagen de anchas callas llanas y monótonas ligeramente enturbiadas por los neones y las palmeras, no se queda atrás, ni mucho menos: los numerosos cañones que componen

los barrios menos accesibles de la ciudad ocultan zonas sorprendentes, ya sea en Highland Park, San Pedro o, como aquí, Silverlake, cerca del embalse.

Con una pendiente del 32 % (unos 18º aproximadamente), Baxter Street, situada cerca de la autopista 2, es sencillamente una de las calles más empinadas de Estados Unidos lo que provoca muchos accidentes las raras veces que llueve. En 2018, los residentes, hartos de ver cómo los coches acaban en su jardín o contra su verja, escribieron a las autoridades y a los fabricantes de los GPS y de las aplicaciones móviles para pedirles que hicieran modificaciones con respecto al sentido de la circulación y para que los algoritmos evitaran su calle a toda costa. Desde que un camión de bomberos acabó encajado en lo alto de la calle, se están estudiando opciones para dar con una solución viable y caminos alternativos.

Las 10 calles más empinadas de Estados Unidos

Aún más empinadas son Eldred Street (cerca de Mount Washington) y la calle 28 (en San Pedro) con el 33 % y el 33,3 % de pendiente respectivamente, pero no son tan largas ni están tan transitadas como su hermana mayor de Silverlake. Este trío que encabeza las impresionantes estadísticas hace que el Estado de California sea el que tiene siete de las diez calles más empinadas del país (una cuarta, Fargo Street, también en Los Ángeles, dos en San Francisco y la última en Spring Valley). Solo para poder presumir en el Trivial Pursuit: las otras tres están en Honokaa (Hawái) y en Pittsburg (Pensilvania). ¡Y son de diez!

La calle más corta y la calle más larga de Los Ángeles

Calle de 13 pies de largo, menos de 4 metros, que une el barrio de Pico-Union Alvarado Terrado con South Bonnie Brae Street, Powers Place tiene este nombre por Pomeroy Wills Powers, un abogado originario de Kansas City que se convirtió en consejero municipal. Es la calle más corta de L.A. y un coche apenas tiene espacio para dar media vuelta.

La calle más larga de L.A. es la ineludible Sepulveda Boulevard: esta enormidad de calle, de la que algunas partes se llaman Highway 1 (la famosa carretera que bordea el océano Pacífico), se extiende sobre 42,8 millas, a saber 68,9 kilómetros, desde Long Beach hasta San Fernando.

EL MUSEO DE LA TIERRA SANTA

Por el explorador que sirvió de inspiración al personaje de Indiana Jones

Holyland Exhibition
2215 Lake View Avenue
(+1) 323 664 3162
Todos los días de 7 a 19 h
Visita guiada de 2 horas de duración, previa reserva únicamente. Se aconseja llamar antes

Hollywood espera a que la gente se muera, y luego se apropia de sus historias sin tener que pagarles derechos".

Con un poco de malicia y decepción nuestra atípica guía empieza la visita del museo más inverosímil de Los Ángeles.

Secreto, escondido, casi privado dado que algunos días no recibe a ningún curioso, es sin embargo el guardián de tesoros inestimables desde 1924. Y, sobre todo, es objeto de fascinación gracias a los rumores persistentes sobre el hecho de que su fundador, Antonia F. Futterer, sirvió de modelo a George Lucas para escribir su personaje del Dr. Henry Walton Jones Junior, más conocido con el nombre de Indiana Jones, arqueólogo de oficio.

Futterer era un autodidacta. Tras escapar a la muerte a los 24 años (salvado, según la leyenda, por la Biblia), se convirtió al misticismo y se le metió en la cabeza encontrar el Arca de la Alianza (*Lost Golden Ark of the Covenant*), el famoso arca que contendría las Tablas de la Ley que Dios entregó a Moisés en el monte Sinaí. Para ello, se mudó a Palestina, luego a Jerusalén, y trajo consigo de otros viajes que hizo numerosos artilugios sirios, etíopes, egipcios, israelíes, palestinos... Hoy, lo habrían calificado de "ladrón de tumbas", pero en aquella época, gozaba de cierta libertad para lograr la obra de su vida. Y aunque nunca encontró el arca (que algunos sitúan en Etiopía, en la región de Aksum), el resto de su tesoro está por descubrir en las cinco salas repletas de arriba abajo de objetos de colección, a veces colocados sin ton ni son, con puntos comunes como las múltiples interpretaciones de libros sagrados, principalmente de las religiones monoteístas.

La sala dedicada a Siria está repleta de muebles de marquetería de una increíble delicadeza, fabricados en Damas. Una mesa de juego que decora el centro de la sala, con incrustaciones de nácar, vale por si sola la visita. Hay otra sala que atesora los secretos de los faraones (sarcófagos milenarios incluidos), una tercera sala dedicada a la arqueología, que, a veces tiene objetos de origen discutible...

En cuanto a la inmutable tienda de recuerdos, en la primera planta, es una réplica de los zocos que se pueden ver desde Jerusalén a Beirut, con sus alfombras, sus joyas y sus lámparas. En la planta baja, el auditorio alberga una interesante representación gráfica simplificada de la Biblia, un auténtico ejemplar del libro – del siglo XVIII –, así como un mapamundi que intentan (con cierta torpeza) dar un repaso a los distintos linajes de la humanidad. Vestida de beduina, nuestra guía pasa de sala en sala con gracia y, sorprendentemente, no se lo toma muy en serio, a pesar de la solemnidad del lugar. "Yo creo que Jesús no aprobaría ninguna religión monoteísta si volviese a la tierra", concluye con una sonrisa.

PASEO POR LOS ANGELES RIVER ③

La reconquista de un río de hormigón

En el condado, 82 kilómetros de largo, de Calabasas a Long Beach
lariver.org (información general)
Alquiler de bicis: Coco's Variety Bike Shop. 2427 Riverside Drive
(+1) 323 664 7400
cocosvariety.com
Todos los días de 11 a 18 h
Canoas y kayaks:
(+1) 323 392 4247; lariverexpeditions.org
Remos: paddlethelariver.org y lariverkayaks.com

U n río en Los Ángeles? Para los no nativos, esta pregunta fue una aberración durante mucho tiempo, sobre todo tratándose de un río de unos 82 kilómetros de largo, que va desde Calabasas hasta Long Beach, bordeando Griffith Park. La pregunta tiene su razón de ser porque Los Angeles River quedó abandonado largo tiempo hasta convertirse en un *no man's land* poco recomendable que incluso se utilizó como set de rodaje para películas. Es aquí donde Ryan Gosling conduce excediendo la velocidad en *Drive* (2011).

Pero desde hace unos años el río ha vuelto a ser popular debido a muchos programas de restauración gracias a los cuales en 1997 se pudo inaugurar el primer tramo de un carril bici. Si ahora va en bici, puede tomar dos caminos: uno que sale de los estudios Walt Disney, bordea la autopista 5 hasta Elysian Park y está lleno de cafés, como el Spoke Bicycle Cafe, en Frogtown, donde los ciclistas pueden reparar sus bicicletas mientras saborean un sándwich, y el segundo, de 20 millas de largo (32 kilómetros) que va de Commerce a Long Beach.

Si no les entusiasman las bicis existen otras opciones para descubrir este río con forma de coma: senderos peatonales y ecuestres más o menos largos donde se puede admirar una variada fauna de aves (patos, garzas azules, cormoranes...), rincones para pescar, lugares donde hacer kayak o canoa. Desde que fue declarado río navegable en 2010, se pueden practicar deportes náuticos en dos partes de los meandros del L.A. River; en Elysian Valley y en San Fernando, desde el Memorial Day (Día de los Caídos, a finales de mayo) hasta el 30 de septiembre.

Son muchas las opciones que han permitido restaurar la imagen de este patrimonio antaño exuberante que terminó con parte del desarrollo urbanístico. En febrero de 1938, el río se desbordó a causa de unas lluvias torrenciales e inundó los alrededores. Fue el fin del río natural. Con el objetivo de proteger a los ribereños, la ciudad decidió hormigonar el lecho del río y delimitarlo con vallas, transformándolo así en una "autopista" destinada a poner a salvo a los habitantes.

Una denominación que lamentablemente ha vuelto a ser de actualidad tras los largos periodos de sequía que azotaron California cuando el río se secaba con regularidad. Rendirle homenaje volviendo a utilizarlo es lo mínimo que se merece, para devolverle algo parecido a una normalidad.

LAS TUMBAS
DE CAROLE LOMBARD
Y CLARK GABLE

Olor a escándalo en el cementerio

Forest Lawn Cemetery
1712 South Glendale Avenue, Glendale
(+1) 888 204 3131(desde Estados Unidos) o (+1) 323 254 3131 (desde fuera de
Estados Unidos)
forestlawn.com/parks/glendale
Todos los días de 8 a 18 h

Como todas las historias de Hollywood, incluidas las que unen los corazones de las estrellas del cine fuera de la pantalla, esta est llena de misterios y de secretos difíciles de descifrar.

Dos de los actores más queridos y reconocidos de los años 1930, qu además estuvieron seis años casados, están enterrados uno al lado de otro. Hasta aquí, nada raro.

Pero cuando además sus exparejas están enterradas a escaso centímetros, en la misma cripta, la cosa se pone interesante: esta es la excusa perfecta para visitar el impresionante Forest Lawn Cemetery, er Glendale, donde, de hecho, descansan muchísimos famosos.

Un paseo bucólico que vale por sí solo la visita, y también todo ur homenaje a distintas personalidades del mundo del espectáculo (Michae Jackson, entre otros, descansa aquí), Forest Lane es una institución.

En 1942, tras la muerte accidental de Carole Lombard, la actri

más importante de su generación, Clark Gable, que estaba rodando en aquel momento *Te encontraré en algún lugar* (*Somewhere I'll Find You*), se quedó desconsolado. Terminó a duras penas el rodaje, el inolvidable Rhett Butler de *Lo que el viento se llevó* (*Gone with the wind*) perdió 20 kilos, se sumió en el alcohol un tiempo y se alistó en el ejército, según la versión oficial. Falleció en 1960 y fue enterrado al lado de la que para él fue "el amor de su vida". De hecho, la tumba de C.L. reza la inscripción "Carol Lombard Gable".

Sin embargo Clark Gable se volvió a casar dos veces, su último matrimonio fue con Kathleen "Kay" Williams, a quien le dio su único hijo biológico y que nació tras fallecer el actor, quien siempre se había negado a ayudar en la educación de Judy Lewis, la hija que tuvo con Loretta Young. Kay Williams, que tomó el apellido Gable tras la boda, está enterrada unas tumbas más lejos.

Pero por su parte, los fans de Carole Lombard sostienen que el carácter promiscuo de Gable, y sobre todo su supuesta relación con Lana Turner durante el rodaje de la famosa película *Lo que el viento se llevó*, fueron la razón por la que la actriz habría querido acortar una gira con las tropas americanas (que luchaban en la Segunda Guerra Mundial), antes de que su avión se estrellara tras repostar en Las Vegas, el 16 de enero de 1942. Aquella mañana, Carole le dijo a su madre, que murió en el mismo accidente y que descansa cerca, que no quería viajar en tren. Y, según palabras de la propia actriz, su amor verdadero fue un tal Russ Columbo, un joven cantante al que conoció cuando tenían 25 años y que murió prematuramente en 1934, un año más tarde. ¿Y dónde está enterrado Russ? A pocos metros, en la cripta de enfrente. Muy práctico.

EL MUSEO DEL NEÓN

Un arte vistoso de nuevo de moda

Museum of Neon Art (MONA)
216 S. Brand Blvd, Glendale
(+1) 818 696 2149
neonmona.org
De jueves a sábado de 12 a 19 h, domingo de 12 a 17 h
"Neon Cruise": algunos días al año. Reservar en la web

Es difícil encontrar un arte tan icónico como la de los neones en Los Ángeles donde, desde los años 1920, los letreros publicitarios de vistoso diseño han proliferado sobre las fachadas y los tejados de los edificios, con el objetivo principal de llamar la atención del conductor que baja a toda velocidad al volante de su señor coche por las avenidas. Desfasados a causa de los estrechos vínculos de su imaginería con los de las películas del cine negro, del bandidaje, de los moteles peligrosos y de los bares de mala muerte, y a finales de los años 1980 por el desinterés de la estética *flashy* que estaba de moda, han hecho un regreso triunfal desde principios del nuevo milenio, tanto en forma de arte rehabilitado (que ahora vuelve a ser genial con elementos modernos de nuevo en producción) como en forma de vestigios históricos y como afirmación de un pasado glorioso y creativo.

Tras 34 años en Downtown, el Museum of Neon Art reabrió sus puertas en 2016 en Glendale, en un espacio totalmente nuevo que, aunque no es lo suficientemente grande para acoger la totalidad de la pletórica colección, tiene el mérito de cambiar las piezas regularmente.

El arte eléctrico y el cinético también han encontrado su lugar, en un festival de luces parpadeantes o fijas. En la frontera entre la física y la química, el arte del neón destaca con gusto en todas sus formas, desde el famoso sombrero del restaurante *The Brown Derby* a los relojes de plasma, pasando por temáticas que se renuevan cada trimestre (mujeres, coches...).

Es muy fácil encontrarlo: una enorme nadadora rescatada de la destrucción del Virginia Court Motel de Meridian (Misisipi) adorna el tejado del museo. De hecho, puede verse una copia de la nadadora sumergiéndose en pleno West Hollywood (es bastante fácil divertirse buscándola mientras conduces por Santa Mónica Boulevard).

Aprender a fabricar uno mismo un neón

El MONA ha tenido la brillante idea de ofrecer talleres y cursos en los que se puede aprender el arte del neón fabricando uno mismo sus propias piezas únicas.

Haga un Neon Cruise

De mayo a octubre, una o dos veces al mes, el MONA propone un Neon Cruise, es decir, una visita extramuros en un autobús de dos plantas en el que un antropólogo y un guía explican detalladamente la historia, la caída y el renacimiento de estos letreros por la ciudad, desde el barrio de los bancos hasta el de Hollywood. Una experiencia apasionante, lúdica y erudita, lejos de las visitas guiadas superpobladas en las que prometen ver las casas de los famosos (y durante las que se ven sobre todo enormes portones cerrados).

LAS ANTIGUAS PISTAS DEL GRAND CENTRAL AIR TERMINAL

Un hito en la historia de la aviación americana

1310 Air Way, Glendale
La torre se puede ver desde Grand Central Avenue, siendo la avenida la
antigua pista de despegue

Los románticos cinéfilos suelen confundir el antiguo aeropuerto de Grand Central Air Terminal con el de Van Nuys, unos kilómetros más al noroeste, porque su torre se parece a la que sale en la primera escena de la mítica película de Michael Curtiz, *Casablanca* (1942), con Humpfrey

Bogart e Ingrid Bergman.

La misma arquitectura neocolonial española (Spanish Colonial Revival) con toques art déco, las mismas montañas áridas rodeando las pistas, la misma ubicación en el Valley. No estamos en Marruecos, pero podríamos pretender perfectamente que sí...

Sin embargo, aunque efectivamente algunas películas se rodaron en el aeropuerto de Glendale durante años, ahora pertenece a Disney (con el nombre de "Grand Central Creative Campus", que agrupa varias ramas de la empresa del ratón), tras ser un hito en la historia de la aviación americana.

Cuando abrió sus puertas en los años 1920, Grand Central Air Terminal era el aeropuerto principal de Los Ángeles, y así fue durante casi 30 años, hasta que LAX, y en menor medida Bob Hope Airport en Burbank, tomaron el relevo. Howard Hughes, Amelia Earhart, Charles Lindbergh, entre otros, despegaron (o aterrizaron) en estas pistas. Durante la Segunda Guerra Mundial, sirvió incluso de campo de entrenamiento para pilotos y mecánicos, hasta quedar abandonado durante décadas.

Desde su reforma, iniciada en 1999 y terminada en 2015, los edificios sirven de contenedor a una multitud de departamentos del

gigante de la diversión. Se conservaron también dos hangares además del complejo principal, pero no están catalogados en el National Registry, la lista de los monumentos históricos americanos, para disgusto de los fanáticos de la aviación.

Una calle que ocupa una antigua pista del aeropuerto

Cuando el aeropuerto cerró la ciudad recuperó las pistas. Hoy, Grand Central Avenue, por donde se circula para acceder al campus Disney y alrededores, es una de las antiguas pistas desde donde despegaban los Lockheed P-38 y otros Boeing B-29, y que se convirtió en calle en 1959.

SOUTH KEYSTONE STREET, BURBANK

Una calle falsa para los rodajes

Del número 400 al número 599
Freeway CA-134, salida 3

Al norte de la tentacular ciudad, a orillas del río Los Ángeles, están tres de los estudios más emblemáticos de Hollywood: de oeste a este, Universal, Warner Bros y Walt Disney. Aunque los dos primeros son fáciles de visitar gracias al parque de atracciones temático o a las visitas organizadas (de pago), el tercero siempre ha cultivado el gusto por el secretismo, y a menos que conozca a un trabajador de la empresa o que le inviten a una proyección privada en un preestreno, es poco probable que pueda entrar en los dominios del famoso ratón.

Por supuesto, como consuelo, hay parques, templos del consumo que intentan reproducir la magia de las películas de animación, pero están 60 kilómetros más al sur. Si quiere vivir una experiencia más original, gratuita y privada, lejos de la muchedumbre, vaya a Burbank. Allí, pegada al todopoderoso estudio, está la calle más sorprendente de la zona. El estudio se construyó en sus inicios para producir dibujos animados, pero cuando la empresa quiso expandirse en 1940, tras el éxito de *Blancanieves y los siete enanitos*, la ambición de rodar películas con actores en carne y hueso y producciones televisivas se topó con las limitaciones geográficas.

Tras construir platós de rodaje para las escenas en interiores, algunas fachadas y sus oficinas, tuvieron que rendirse a la evidencia: no quedaba más espacio en las primeras 20 hectáreas que compró Walt Disney. Entonces, cuando la torre Frank G. Wells, hoy dedicada íntegramente al mundo de la animación, terminó de construirse, la empresa compró los terrenos situados en la parte sur de South Keystone Avenue. Es igual en todos los sentidos que la parte situada al norte de Alameda Avenue, pero no se ven nunca coches aparcados, salvo cuando hay rodajes. Y por una buena razón. Aunque las casas son reales y no simples fachadas (como suele ser el caso en los *backlots*), su interior está vacío para que los escenógrafos y decoradores puedan remodelarlo a su gusto para crear los espacios necesarios. Los céspedes son visiblemente más verdes que los de la calle de al lado, nada sobresale, no hay cubos de basura ni buzones, y las persianas siempre están echadas... Sin embargo, la calle está abierta: al tratarse de una vía pública, Disney solo pudo comprar las casas. Aparque en uno de los extremos y disfrute de la tranquilidad, para que pueda sentir, lo que dura un corto paseo por esta calle recta, lo que es estar en *High School Musical* o *Al encuentro de Mr. Banks*.

LA GRANJA DE WALT DISNEY

La única atracción Disney de acceso gratuito

5202 Zoo Drive
(+1) 818 934 0173
carolwood.org
El tercer domingo de mes de 11 a 15 h
Entrada gratuita

La pasión de Walt Disney por los trenes y el ferrocarril se ve reflejada en la distribución bastante particular de sus parques de atracciones, rodeados de vías de tren sobre las que las locomotoras pasean al visitante, como en una miniciudad autónoma e idealizada. Pero la cosa no quedaba ahí. Mantenido por la Carolwood Foundation, el antiguo taller del padre de Mickey – Walt's Barn – es el ejemplo más bonito a escala local. Abierto al público únicamente el tercer domingo de mes, es "la única atracción Disney con acceso gratuito", recuerdan los voluntarios en la entrada en este domingo de otoño.

Walt Disney diseñó especialmente un tren de vapor que recorría su propiedad de Los Ángeles. Apodado "Carolwood Pacific Railroad", transportaba a sus familiares por la linde de su granja. En el taller, construido en 1950, Disney pasaba largas horas controlando el paso del tren, dedicándose al modelismo y soñando. Para muchos, esta granja

es considerada la cuna de Imagineering, la empresa de ingenieros y arquitectos encargada de crear de los famosos parques y hoteles de la famosa marca del ratón.

No busques la granja en su antigua propiedad, en el 355 North Carolwood Drive, en el barrio de Holmby Hills. La casita roja, réplica exacta de la que había en la granja familiar situada en Marceline (Misuri) – fue reubicada "detrás de" Griffith Park, del lado de San Fernando Valley, a finales de los años 1990 tras venderse la propiedad familiar. La hija de Walt contribuyó activamente a protegerla con la ayuda de la Carolwood Pacific Historical Society, que se dedica a preservar el patrimonio ferroviario de Disney.

En este entorno natural, se pueden ver herramientas, imágenes de archivo, documentos históricos, prototipos, así como un sistema de control de las vías. Este viaje en el tiempo también desvela las pequeñas manías de un creador con obsesiones devoradoras. Uno también descubre que Walt Disney había construido un túnel en su casa para que su esposa Lilly no viese la locomotora pasar por delante de su cocina...

Puedes seguir explorando el lugar viendo cómo los voluntarios hacen funcionar el sistema de las locomotoras de vapor, incluso dando una vuelta en el trenecito que recorre el parque.

Una preciosa salida reservada a los niños grandes con síndrome de Peter Pan.

EL BUNGALÓ 5195
DE ALFRED HITCHCOCK

Las antiguas oficinas del maestro del suspense

100 Universal City Plaza, Universal City
(+1) 800 864 8377
universalstudioshollywood.com
Metro: Red Line, parada Universal City

Aunque el parque de atracciones Universal Studios Hollywood, situado en el centro de la ciudad y cuyo nombre es casi epónimo (Universal City), es uno de los lugares más frecuentados por los turistas de Los Ángeles, y sigue siendo, después de los tiovivos y los restaurantes, la verdadera sede de muchas empresas de "la fábrica de sueños".

En el Studio Tour, se puede ver una muestra de los secretos de creación de películas y series emblemáticas. Fachadas, despachos, platós, simulación de persecuciones o de ataques, todos los elementos están en el mismo sitio, pero suelen decepcionar a menudo porque no dejan de ser meros divertimentos, que dependen de las restricciones de los equipos de producción ocupados en bambalinas, que no prestan atención a los trenecitos llenos de curiosos que los rodean.

Sin embargo, hay una reliquia discreta y especialmente conmovedora (ojo, las visitas se hacen solo en inglés, español o chino mandarín): el bungaló de Alfred Hitchcock, con una historia particular, y que los guías mencionan pocas veces.

Conocido con el nombre de Bungaló 5195 y con el contorno tan característico del director británico – naturalizado americano en 1955 – en la fachada, albergó en su tiempo las oficinas del genio del suspense. Contratado por Universal Studios Hollywood, Hitchcock rodó en Universal City la mayoría de sus exitosas películas de su época americana (Psicosis, cuya casa y motel se pueden ver en la visita, fue de hecho la última película rodada con Paramount Pictures, "trasladada" a Universal).

Cerca de las oficinas, el resto de los edificios albergaban en la época los camerinos de los actores Rock Hudson y James Stewart, entre otros. Steven Spielberg tiene en la parte ampliada unas oficinas (Amblin Entertainment), pero no hay ningún cartel que lo indique. Sesenta años más tarde, es Universal Cable Productions, una rama de la empresa dedicada al mundo de la tele, la que ocupa el camerino de "Hitch" y lleva su antorcha al reeditar en DVD las famosas *Alfred Hitchcock presents*.

La casa de Norman Bates
Si no ha previsto dejarse atrapar por la costosa capital del entretenimiento, pero necesita su dosis de Hitchcock, vaya en coche por Blair Drive, salga a Barham Boulevard, donde unas vistas impresionantes y poco conocidas de la casa de Norman Bates (y de su famosa mamá...), que ha cambiado varias veces de sitio desde 1960, le esperan. Para los más perezosos, Hitchcock también tiene dos estrellas en el Paseo de la Fama, en Hollywood Boulevard: una por su contribución al arte del cine y otra por sus producciones televisivas.

EL TRAZADO ORIGINAL DE LA PRIMERA MISIÓN CAMPO DE CAHUENGA

La discreta cuna del Estado de California

Campo de Cahuenga Park
3919 Lankershim Boulevard, Studio City
(+1) 818 763 7651
laparks.org/historic/campo-de-cahuenga
Museo abierto al público el primer y tercer sábado de mes, de 12 a 16 h (previa cita)

Aunque los indios Tongva llevaban viviendo casi 4000 años en este minúsculo pedazo de tierra, hoy situado entre los estudios Universal, la autopista 101 y Los Angeles River, fueron los españoles, liderados por el padre Fermín de Lausen, quienes construyeron en el pequeño parque de Campo de Cahuenga una misión de evangelización del tapial (tierra arcillosa) entre 1795 y 1810.

Luego llegó el periodo mexicano, después de la revolución de 1821, liberando el país de 300 años de dominio español. Y más tarde, la guerra que Estados Unidos declaró a México por un oscuro asunto de indemnizaciones... y de compra del preciado territorio. Entre

feroces batallas y tratados de paz, alianzas y traiciones, este "campo de Cahuenga", cuyo edificio principal fue reconstruido en 1950 por la ciudad, a unos metros de la misión original, puede considerarse la cuna del Estado. Esta parcela de tierra fue testigo de todas las decisiones importantes de la historia californiana.

El 13 de enero de 1847, John C. Frémont y Andrés Pico se reunieron en el edificio predecesor de este pequeño museo con forma de casa para firmar la capitulación de los "Californios" y elaborar la versión definitiva de lo que pasaría a ser, dos años más tarde, el 31º Estado de la Unión. Una paz sepultada por el Tratado de Guadalupe Hidalgo, convirtiendo primero estos territorios en "cesiones", que luego México se vio obligado a ceder definitivamente a Estados Unidos para poner fin a la ocupación militar.

Aunque el pequeño museo conserva el tratado original, la ubicación del antiguo edificio donde se firmó el nacimiento de California, demolido y luego reconstruido, ha dejado sus huellas en el trazado del suelo. En el parque adyacente y en las calles de alrededor, los cimientos originales están representados por un "camino" pavimentado, testigo de vestigios históricos. Hay que seguir las líneas blancas y grises que están alrededor del museo en Lankershim Boulevard, en el parque, y hasta en la estación de metro (ver más abajo), para poder hacerse una idea más exacta del tamaño que tenía la misión del Campo de Cahuenga.

Durante las excavaciones realizadas cerca de la Red Line del metro de L.A., descubrieron debajo de Lankershim Boulevard los cimientos originales de la misión del Campo de Cahuenga, refugio histórico de personajes a los que la estación Universal City/Studio City rinde un sobrio homenaje: en los andenes, un modesto mosaico de tonos rojos y naranjas relata los destinos cruzados de mujeres y hombres que lucharon por el mismo territorio, convencidos de sus derechos.

EL EDIFICIO FREEDOM BOULEVARD DE THIERRY NOIR

La obra lúdica y política de un artista francés

Lofts at NoHo Commons, 11136 Chandler Boulevard, North Hollywood
(+1) 818 827-3100
loftsatnoho.com
Metro: Red Line, parada North Hollywood

Es uno de los edificios más coloridos de la ciudad y, por suerte, está justo a la salida de una boca de metro, lo que, a excepción de Downtown, es bastante raro en Los Ángeles como para no destacarlo.

Si le apetece pasar el día en el famoso San Fernando Valley y no quiere usar coche, puede hacerlo. El Noho Arts District, adonde llega la Red Line (última parada: North Hollywood), es una puerta de entrada dinámica a este "otro L.A.". Antes de adentrarse más en el barrio, hay que pasar por el aparcamiento del metro y dirigirse al norte, apenas una manzana. Ahí, unos divertidos señores de colores sobre fondo blanco adornan varias fachadas de un edificio de *lofts* modernos. El nombre del artista, contradictorio en vista de la explosión de colores, también es visible: Thierry Noir.

Este francés es una leyenda. Empezó a pintar sobre el muro de Berlín en 1984, después de mudarse a Alemania. Allí, en el barrio de Kreuzberg, en RFA, fue uno de los primeros en desafiar este símbolo de la Guerra Fría a base de grandes pinceladas. Tras pasar una vida dibujando sus personajes cándidos, reconocibles y eminentemente políticos por el mundo entero, su obra llegó a Los Ángeles, cuando por iniciativa del Wende Museum, en 2009, se expuso uno de sus famosos grafitis del muro de Berlín delante del LACMA, cerca de los de algunos colegas (ver pág. 90), sobre vestigios originales que trajeron para la exposición.

En las colinas de Hollywood, también se puede ver otro pedazo auténtico del Muro pintado por Thierry Noir, mientras que otras obras, a menudo más discretas, salpican la ciudad, a excepción de un gran mural sobre fondo negro en *Downtown* (en un camino estrecho en Spring Street).

En 2017, un promotor inmobiliario de North Hollywood llamó al artista para que embelleciera la fachada entera de un edificio, de una superficie inédita de 1400 m^2 – su mayor fresco público hasta hoy - con motivo del cincuenta centenario del hermanamiento de Los Ángeles con Berlín. El resultado: este *Freedom Boulevard* brillante y lúdico que llena de alegría a los que pasan por delante. Una oportunidad de devolverle a NoHo unos orgullosos colores: "el Valle", el enorme complejo residencial, arrastra desde hace años una fama un poco chabacana de lugar sin alma, según los angelinos más modernos que viven en Hollywood, Santa Mónica o Los Feliz, es decir, al sur de Griffith Park. Desde hace relativamente poco ha vuelto a despertar un renovado interés, sobre todo gracias a su muy popular vecino Studio City, nuevo templo de lo cool con sus restaurantes modernos y sus encantadoras casas, perfectamente ubicado entre estudios y colinas.

LA DEPURADORA DONALD C. TILLMAN

Para todos los amantes de Star Trek... y de las aguas residuales

6100 Woodle Avenue, Van Nuys
(+1) 818 778 4226
lacitysan.org
Visitas previa cita únicamente

Aunque no es el único set de rodaje en L.A. donde se han rodado las distintas versiones de la famosa serie (y películas) del universo *Star Trek*, desde el Getty Center hasta Griffth Park, este es de lejos el más representativo e impresionante.

No es de extrañar: diseñada por Anthony J. Lumsden y construida en 1984, la depuradora Donald C. Tillman parece una especie de nave espacial en un idílico rincón de la naturaleza, con sus ángulos obtusos y su hormigón posmoderno. Sin embargo, este edificio representa la Academia de Starfleet, la escuela para los futuros oficiales en San Francisco (con su Golden Gate Bridge añadido posteriormente).

En la vida real, cada día, unos cien millones de litros de aguas residuales del valle de San Francisco pasan por este edificio donde las tratan para obtener agua de riego. Riego para los espacios verdes (ver más abajo), para terrenos de golf (hay muchos en la región), o incluso riego para terrenos agrícolas, son todas las opciones de reutilización de estas aguas, tras aplicar un tratamiento biológico por nitrificación.

Aunque no parece una idea muy atractiva a primera vista, la fábrica y las otras tres depuradoras se pueden visitar, previa cita únicamente, dentro de un programa muy instructivo (y gratuito) que la ciudad de Los Ángeles ha organizado con la idea de educar a sus habitantes sobre la problemática de las alcantarillas, las aguas sucias y las aguas grises, y sobre el proceso de separación de sólidos y líquidos. Este proceso se hace en Hyperion Water Reclamation Plant, donde se convierte en fuente de energía y en fertilizante.

EN LOS ALREDEDORES
Jardín japonés SuihoEn
(+1) 818 756 8166
thejapanesegarden.com
De lunes a jueves de 11 a 16 h, domingo de 10 a 16 h
Ideado como escaparate del éxito de esta depuradora, el increíble jardín japonés adyacente, llamado SuihoEn ("Jardín del agua y del perfume"), diseñado por el arquitecto paisajista y artista Koichi Kawana, se inauguró a la vez que la depuradora para demostrar que un edificio de este calibre también podía albergar un santuario lleno de vida. Cerezos, magnolias, lotos y un centenar de otros tipos de plantas y de árboles comparten cartelera en este *Chisen-Kaiyu Shiki* (la palabra japonesa que designa un jardín donde se puede pasear alrededor de un estanque). Una cascada, riachuelos y un *tea house* completan el perfecto cuadro de lo que es sin duda el jardín japonés más bonito y más relajante de todos los que hay en la región. Un flechazo.

LA PUERTA DEL AULA A113 DEL CALARTS

El misterio A113

California Institute of the Arts
24700 McBean Parkway, Valencia
(+1) 661 255 1050
calarts.edu
Campus abierto todo el año

Es sin duda el *Easter Egg* (una referencia oculta en forma de broma de iniciados que algunos directores incluyen discretamente en sus obras) más conocido de las producciones cinematográficas americanas actuales.

La próxima vez que vaya al cine a ver una película de Disney, Pixar o de alguna de sus filiales (Lucas Films, Marvel, etc.) intente estar atento: en algún momento aparecerá seguramente una misteriosa "A" seguida del número "113". Presente en todas las películas y dibujos animados, este "A113" vuelve a los fans histéricos y a los adeptos de las teorías de conspiración cautelosos. ¿Es una señal de los Illuminati, la marca de la sociedad secreta destinada a dominar el mundo, un pasaje a una dimensión paralela, un mensaje cifrado? ¿O simplemente una broma estudiantil?

¿Pero por qué, si ese es el caso, este "A113" está tan extendido y se repite tanto, desde una matrícula en *Toy Story* hasta una cámara de fotos en *Buscando a Nemo*, pasando por una etiqueta en *Ratatouille*, sin olvidar las apariciones en producciones como *Los Simpson*, *Los juegos del hambre* o *Misión imposible*?

La respuesta es más sencilla de lo que parece a primera vista, y está en Valencia, a aproximadamente una hora en coche al norte de Los Ángeles.

Cuando en 1961, Walt Disney decidió abrir una universidad privada dedicada a creación artística, unificó primero dos escuelas de arte, antes de mandar construir una enorme facultad principal en un terreno aislado, en las colinas de Santa Clarita. Al norte, lo serio de un campus oculto en el bosque, al sur, en Anaheim, un parque de atracciones geográficamente opuesto dedicado a las familias y al consumo. Y, al centro, a igual distancia, la tentacular Los Ángeles y su multitud de artistas y cerebritos corriendo de un lado a otro, en el estudio de Burbank y alrededores. Una línea recta perfecta, materializada por la Highway 5.

En CalArts (el nombre corto del California Institute of the Arts), que también se dedica a la danza, al cine, a la literatura y al teatro, además de a las artes visuales, se han sucedido generaciones de estudiantes, como Sofia Coppola y Tim Burton entre otros, destinados a crear, incluso a dirigir los estudios de Hollywood.

Brad Bird, director de *Los increíbles*, fue uno de ellos, al igual que Pete Docter, Andrew, Stanton y John Lasseter, el director artístico de Pixar Animation Studios y de Walt Disney Animation Studio. Estos cuatro hombres iban a revolucionar el mundo de los dibujos animados. Al rendir homenaje al aula A113, donde estos artífices del cine estudiaron grafismo y animación de personajes, Brad Bird lanzó la moda del guiño en 1989, que sigue existiendo en la actualidad en varios estudios para felicidad de los cinéfilos obsesivos. El mágico número, y seguramente amuleto, sigue sobre la puerta de la amada aula.

De todos modos, el campus merece el desvío para quienes vayan a San Francisco, sobre todo si han oído rumores de que parte de *El imperio contraataca* se rodó en el teatro modular, una maravilla de la ingeniería que al parecer acogió la mítica escena de la revelación filial, la de Dark Vador a Luke Skywalker.

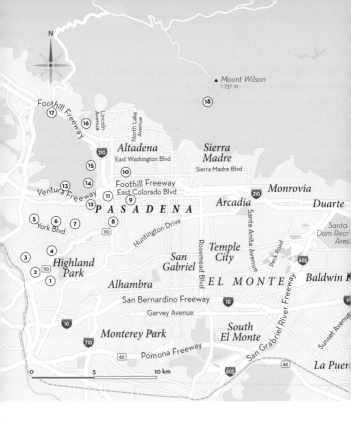

Pasadena y el Este

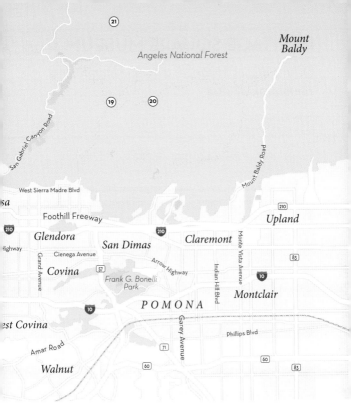

HERITAGE SQUARE MUSEUM

*Ocho edificios históricos a los que literalmente
cambiaron de sitio*

*3800 Homer Street
(+1) 323 225 2700
heritagesquare.org
Viernes, sábado y domingo de 11.30 a 16.30 h*

Hay pocos sitios en el mundo que puedan jactarse de concentrar
edificios tan distintos y de diferentes épocas, y que nunca tendrían
que haber estado juntos. Es sin embargo donde radica la fuerza y el encanto
del Heritage Square Museum, que más que un museo propiamente dicho
es una inmersión en el tiempo, a cielo abierto.

Estos edificios, de arquitectura victoriana, pero con influencias
extremadamente distintas, se construyeron entre 1850 y 1950. Todos
tuvieron una vida tranquila en sus respectivos barrios (Lincoln Heights,
Boyle Heights, Pasadena, Downtown...) hasta los años 1960 en los que se
vieron amenazados de ser destruidos tras haber quedado en el abandono.
Así, para dejar sitio a edificios más modernos, se tomó la decisión de...

desplazarlos, enteros, ¡sin desmontarlos!

Construcciones enteras que viajaron en enormes remolques hasta Highland Park donde, muy cerca de la autopista – anacronismo ineludible –, son la muestra de una época pasada. Para que la inmersión sea perfecta, hasta los guías están vestidos de época.

Gracias a la Fundación para la Conservación del Patrimonio Cultural de California del Sur (*Cultural Heritage Foundation of Southern California*), una asociación sin ánimo de lucro que recauda fondos, este museo vio la luz, para "preservar, reunir y compartir la arquitectura, el entorno y la cultura del primer centenario de California del Sur", como reza su lema.

La Hale House es sin duda la más icónica de todas, con sus muros verde claro y su torre de ladrillo, pero los ocho edificios tienen cada uno características únicas: ahí una casa octogonal, allí la nobleza de la mansión de William Perry, más allá una iglesia, y más allá aún una farmacia increíblemente restaurada. A pesar de la mezcla de estilos, la idea era recrear el ambiente de pueblo, por burgués que sea, con un Uptown residencial y un Downtown en forma de barrio de negocios. Aunque el resultado es menos realista y emocionante que la visión original de estos apasionados por la historia, los ocho edificios no dejan de ser cada uno de ellos espectaculares.

© Los Angeles

LUMMIS HOME (EL ALISAL)

Un castillo de piedra construido con las manos de un solo hombre

200 East Avenue 43, Los Angeles
laparks.org/historic/lummis-home-and-gardens
mota.dreamhosters.com/lummis-home-and-garden
Sábado y domingo de 10 a 15 h
Acceso gratuito

Charles Fletcher Lummis, periodista en *Los Angeles Times* originario de Cincinati (Ohio), se mudó a L.A. cruzando el país a pie documentando su periplo en el periódico. Ahí construyó su casa, a borde del Arroyo Seco, con sus propias manos, piedra por piedra, tra

obtener un trabajo más sedentario como redactor jefe de la sección de noticias locales.

Al resultado de sus esfuerzos sobrehumanos, que vio la luz hacia 1910, los especialistas lo suelen llamar "castillo", por lo impresionante que es el edificio, que además de reflejar la personalidad excéntrica de su propietario, evoca el refugio de un ermitaño con su pequeña torre y sus puertas bajas. "El Alisal" es el nombre que le puso Lummis a su casa, la cual se anticipó a la estética *Arts & Crafts* que se iba a poner de moda unos años más tarde. El suelo era de cemento, los muebles de madera, algunos delicadamente tallados, gruesas vigas atravesaban el salón. Los elementos que pueden verse hoy son casi todos originales.

Muy cercano a la naturaleza, pero sin rechazar la vida mundana de la ciudad, Charles F. Lummis, que también fue historiador, antropólogo, fotógrafo y defensor de los derechos de los amerindios, invitó cuando su casa ya estaba acabada a artistas e intelectuales, a músicos y bailarines, a fiestas que se hicieron famosas por su extravagancia.

A su muerte donó la casa al Southwest Museum que se la revendió al Estado, antes de pasar a ser propiedad de la ciudad. Se puede visitar los fines de semana y admirar, entre otras cosas, fotos de la construcción (el lecho del río estaba seco por aquel entonces), así como impresionantes vidrieras artesanales, fabricadas por el propio Lummis con sus fotos de época en las que figuran comunidades autóctonas. Si se coloca en el centro de la casa, en el patio, entre la casa principal y la casa de invitados, podrá ver un precioso ejemplo de la influencia de otro tipo de arquitectura: el estilo "misión", que define el conjunto del edificio, especialmente con su patio con una columnata. Los jardines se componen de plantas endémicas del desierto californiano y de sicomoros.

SANTUARIO LACUSTRE DEL SELF-REALIZATION FELLOWSHIP

Uno de los lugares más cautivadores de la región

17190 Sunset Boulevard, Los Ángeles
lakeshrine.org
Visitas de martes a sábado de 10 a 16:30 h, domingo de 12 a 16:30 h
Ceremonias en el templo: jueves a las 20 h y domingo a las 9 h y a las 11 h

Autobiografía de un yogui, escrito en 1946, es considerado uno de los libros de espiritualidad más importantes del siglo XX. En 1950, Paramahansa Yogananda, un gurú yogui que en los años 20 llevó los preceptos de la filosofía del Kriya Yoga a Estados Unidos, a través de su Self-Realization Fellowship (Comunidad de la autorrealización), creó en Pacific Palisades un oasis de paz de exquisito gusto y tal vez el lugar más bonito de la región. Este impresionante lugar, muy frecuentado por algunos músicos y hombres de negocios occidentales atraídos por el misticismo indio (como Elvis Presley, Steve Jobs o incluso George Harrison, que celebró aquí su boda), invita a enfocarse en uno mismo y a conectarse con la naturaleza. Tiene un lago, embellecido entre otras curiosidades con varios templos, con un molino de viento convertido en capilla y con un exuberante jardín, llama a la meditación y al entendimiento entre religiones (concepto traducido por un conmovedor monumento).

Y algo aún más excepcional de este lugar es un sarcófago de piedra milenario procedente de China, rodeado de flores y protegido por un templete, que custodia una parte de las cenizas de... Gandhi. El dirigente indio deseaba que, a su muerte, sus restos se esparcieran en distintos ríos del mundo. Paramahansa Yogananda, amigo del guía espiritual, recibió una parte de sus cenizas en Los Ángeles, poco tiempo después del asesinato de Gandhi. Aunque este lugar no necesita tener semejante personaje histórico para resultar fascinante, la presencia de los restos de Gandhi aumenta aún más si cabe su aura mágica.

Centro Shumei de Hollywood

7406 Franklin Avenue
Se puede visitar el jardín previa petición
Metro: Red Line, parada Hollywood/Highland

El filósofo japonés Mokichi Okada fundó en los años 30 el movimiento espiritual Shumei (conocido en Europa como Iglesia Mesiánica Mundial y considerado a veces como una secta). En Hollywood, el centro de este movimiento se encuentra en una preciosa casa de estilo indefinido (columnas griegas, fachadas españolas, puertas francesas...). Perteneció antaño a la escritora y periodista Joan Didion y por ella desfilaron grandes personalidades de Hollywood y del rock americano, incluyendo drogas y exuberancias varias. El lugar, aparentemente purificado ahora, es un oasis donde los pacientes vienen a sanar sus dolencias espirituales o físicas a través de talleres de práctica del *jyorei*, entre otros ejercicios inspirados en una mezcla de sintoísmo, budismo y cristianismo. También se organizan ceremonias del té, actuaciones artísticas y festivales.

CHICKEN BOY

La estatua de un hombre pollo de 6 metros y medio, vestigio de la Ruta 66

5558 N Figueroa Street
(+1) 323 254 4565
chickenboy.com
futurestudio.typepad.com
Se puede ver desde la calle
Metro: Gold Line, parada Highland Park

A falta de una estatua de la Libertad digna de ese nombre, los habitantes de Los Ángeles, que siempre han cultivado el arte por lo extraño, tienen una estatua de un hombre pollo de seis metros y medio de alto a la que salvaron de una destrucción inmediata cuando una directora artística la recuperó en Broadway (Downtown) y mandó que la colocaran sobre el tejado de su galería.

Pero según su página web, que se creó cuando empezó a nacer un auténtico culto en el lugar de esta valiente gallinácea de camiseta roja y cubo amarillo, su historia se remonta a los años 1960.

En la época, representaba el saber hacer de una empresa especializada en fibra de vidrio, antes de que un restaurante de pollo asado que ocupó su lugar le diera su apodo, sustituyendo el rostro de un niño por la cabeza de una gallina. Se convirtió así en una de las etapas icónicas de la Ruta 66, que pasaba por aquel entonces por el centro de la ciudad, al igual que otros insólitos monumentos que salpican la mítica ruta (ver pág. 188).

Amy Inouye, ahora conocida como "la mamá de Chicken Boy" mandó mover la instalación en 2007 a Highland Park, sobre el tejado de su estudio de creación *Future Studio* que es también una galería de arte. "En 1984, cuando me di cuenta de que el restaurante había cerrado, conseguí el número de teléfono del agente inmobiliario para preguntar por el futuro de la estatua [...] Terminó devolviéndome la llamada y me dijo que en las obras de desmantelamiento iban a destruir a Chicken Boy. 'Si tanto lo quiere, venga a buscarlo', me dijo", explicó a la prensa en 2007. Han hecho falta veinte años para encontrarle un lugar adecuado, antes de lograr ser declarado patrimonio histórico en 2010 gracias al que fuera gobernador de California, Arnold Schwarzenegger.

Como todo culto oscuro dedicado a una figura emblemática de un lugar totalmente aleatorio, su popularidad es relativa, y solo algunos hípsters extravagantes y fanáticos de la Ruta 66 pueden vanagloriarse de conocer la existencia y el emplazamiento actual del pollo, que tal vez ha ganado visibilidad en los últimos años con el resurgir de Highland Park, nuevo lugar de moda.

Al igual que el letrero Happy Foot/Sad Foot de Silverlake (ver pág. 70), el culto ha dado lugar a la creación de una tienda *online*, gestionada por el estudio y relativamente confidencial, en la que se pueden comprar pins, parches, peluches, tazas, etc.

LABORATORIO DE ZOOLOGÍA ROBERT T. MOORE

Los colores brillantes de una colección de pájaros única en el mundo

Moore Lab of Zoology
Occidental College, 1600 Campus Road/Bird Road
+1 (323) 259-2500 – +1 (323) 259-1352
moorelab.oxy.edu
Visitas solo mediante cita

En pleno corazón de una pequeña universidad privada ubicada en las colinas de un barrio de Eagle Rock (en la que Barack Obama estudió dos años), un increíble laboratorio de zoología ha catalogado a lo largo de los años 65 000 especies de pájaros, ahora disecados (de los cuales casi 7000 colibrís), 1300 esqueletos, más de 500 huevos, numerosos nidos, así como mamíferos pequeños.

Nacido en 1882, Robert T. Moore fue un ornitólogo que viajó por todo el continente americano para documentar el patrimonio genético de una gran variedad de especies, creando así una de las colecciones de pájaros más importantes del mundo. En 1934, decidió elaborar la primera lista completa de los pájaros originarios de México; un trabajo que le mantuvo ocupado toda su vida. Antes de fallecer en 1958, Moore donó su impresionante colección, así como varios edificios, a la Universidad Occidental College, fundada en 1887.

Hoy, el laboratorio que lleva su nombre (abreviado MLZ), que forma parte del Departamento de Biología, "utiliza estos especímenes para estudiar la evolución ornitológica a lo largo de la historia, con especial atención al impacto medioambiental en la distribución geográfica, la biodiversidad, la apariencia y el ADN de las aves". De hecho, puede reservar una cita en la web de la facultad para visitar el laboratorio donde profesores y técnicos reciben con gran pasión a los curiosos deseosos de saber más sobre su especialidad y las características específicas de las aves que, en el que caso de algunas, tienen más de cien años.

Decenas de tablas de madera muestran una impresionante variedad de formas, de picos y de plumajes irisados, todos etiquetados con el nombre de la especie en latín, el sexo, la fecha y el origen. A veces, las características son muy parecidas, y las alineaciones de pájaros muestran sorprendentes tonos de colores vivos que parecen sacados de un bodegón. Un auténtico flechazo, en el que se mezclan la erudición y el sentimiento de haber abierto la puerta de un mundo secreto.

Los periquitos salvajes de Pasadena

Una leyenda urbana cuenta que, en los años 1960, el incendio de una tienda de animales de Pasadena devolvió a la naturaleza muchas aves de una docena de especies distintas originarias del este de México (donde, de hecho, están en peligro de extinción). Desde entonces, se han reproducido de manera masiva y se han instalado en la región. A veces, en Pasadena, basta con levantar la cabeza para poder verlas en los árboles, sobre todo en primavera.

MUSEO DE LA POLICÍA DE LOS ÁNGELES

LAPD: cuatro letras que se han hecho míticas

Los Angeles Police Museum
6045 York Boulevard
(+1) 323 344 9445; laphs.org
De martes a viernes de 10 a 16 h y el tercer sábado de mes de 9 a 15 h
Gratis para los menores de 5 años
Metro: Gold Line, parada Highland Park Station

La comisaría de Highland Park, la más antigua de la ciudad, alberga el museo de la policía de Los Ángeles, lo que le aporta un realismo sorprendente.

Cuando uno entra en el edificio neorrenacentista de 1926 (restaurado y catalogado Monumento Histórico), no espera ver las celdas ni el

pequeño mostrador de recepción tan característico de las comisarías americanas. La "número 11", como así la llaman, permaneció cerrada casi veinte años antes de que la Los Angeles Police Historical Society (LAPHS) decidiera rehabilitarla para guardar vehículos, máquinas y documentos.

LAPD: cuatro letras que forman una de las siglas más emblemáticas de la cultura americana y de las fuerzas del orden, y que han pasado a ser una leyenda. Los famosos uniformes de lana azul oscuro están expuestos en la planta de arriba con cierto orgullo, mientras que, en la sala contigua, se pueden ver, no sin causar cierto vértigo, informes policiales de los sucesos más sórdidos y mediáticos: el asesinato de "La Dalia Negra" en 1947, homicidios perpetrados por la "familia" Manson en 1969, el tiroteo de los Panteras Negras en 1974, crímenes del asesino en serie "The Skid Row Slasher" en 1975, el asesinato de Nicole Brown Simpson en 1994... una especie de mina de oro del crimen y del *name dropping*, del que tanto se han inspirado escritores y directores de cine, desde Raymond Chandler hasta James Ellroy pasando por Billy Wilder.

En el patio interior duermen coches, helicópteros y hasta tanquetas de policía, como si se hubieran ganado el descanso tras una vida de persecuciones y disturbios en una de las ciudades con más delincuencia y más escudriñadas de Estados Unidos.

La cafetería de la academia de policía: un diner de polis abierto al público

Ubicada en la L.A. Police Academy, cerca de Dodger Stadium, la cafetería de la academia de policía (Los Angeles Police Revolver and Athletic Club Café, 1880 North Academy Drive) reabrió sus puertas en 2014, tras una reforma cuando menos necesaria.

Por sorprendente que parezca, en este insólito lugar se puede tomar café, huevos y tortitas rodeado de hombres con uniformes azules, polis novatos, veteranos o detectives, sentados en banquetas de cuero sintético y rodeado de fotos de archivos: un auténtico viaje.

Sin embargo, aunque está abierta al público (de 6 de la mañana a 2 de la tarde, de lunes a viernes), entrar aquí puede resultar un poco intimidante, y no muchos se atreven. Pero una cosa es cierta y es que este diner, aunque no es el más animado y creativo de la ciudad, es sin duda el más seguro.

LA CAMPANA DE LA IGLESIA
CHURCH OF THE ANGELS

Aires de campiña inglesa en Pasadena

1100 Avenue 64
(+1) 323 255 3878
coa-pasadena.org
Iglesia abierta todo el año
Misa el domingo a las 7.45 h y a las 10.15 h

Por un momento creímos que los intercambiadores viales y las palmeras que se elevan hacia el cielo eran un espejismo. A la vuelta de una avenida, es otro punto de referencia embriagador, construido por el hombre, que se alza hacia el cielo azul. La iglesia más antigua de Pasadena también parece estar fuera de lugar, con sus formas que

recuerdan más a los lugares de culto de las islas inglesas que a cualquier movimiento arquitectónico local. Construida en 1889 por indicación de Frances Campbell Johnston en recuerdo a su difunto marido, el diplomático Alexander Robert Campbell Johnston, la iglesia de los Ángeles (*Church of the Angels*) ocupa un terreno donde, originalmente, estaba su rancho familiar, que en aquella época se llamaba San Rafael, en una parte de California del Sur llena de granjas.

El arquitecto británico Arthur Edmund Street se encargó de los planos, antes de enviárselos a Ernest A. Coxhead, quien diseñó una docena de iglesias en Los Ángeles. Quitando la torre, que sufrió daños en el terremoto de 1971, los elementos de esta iglesia son originales.

Aunque hoy en día sigue tañendo una campana, la que está al lado de la puerta de entrada tiene una historia especial y más personal: ubicada originalmente en el centro del rancho, servía para reunir a los que vivían en la propiedad y a los empleados a la hora del almuerzo y de la cena. Nada muy religioso, hasta que murió el dueño. Tras su muerte, la campana sonaba más fuerte y el nuevo edificio sirvió de lugar de culto al pueblo de Garvanza, situado unos cientos de metros al sur, a orillas del río Arroyo Seco.

Objeto de pintadas vandálicas y de un conato de incendio provocado en 2017, la iglesia, que cuenta con una comunidad muy activa y devota, ya ha recobrado el esplendor del pasado. Se siguen celebrando misa los domingos por la mañana, y casamientos. También sirve, gracias al interés de Hollywood por la estética perfecta del lugar, de escenario para series y películas. Fuera, en un jardín con forma de reloj solar, el ángel que da nombre al edificio lleva una cruz sobre la espalda y vigila, paciente.

Dentro, la enorme vidriera, creada en la época en Londres por la empresa Cox & Buckley, es una de las más espectaculares del país. Ya

sea por el órgano y el altar que hay dentro o por el detalle de las influencias arquitectónicas del edificio por fuera, la visita es una maravilla, que destaca en especial por su geografía anacrónica.

De hecho, algunos resaltan el lado *storybook* de la arquitectura de esta iglesia, donde siempre parece que van a aparecer una princesa y un príncipe azul escapados de un cuento.

LOS SECRETOS DEL TENEDOR GIGANTE DE PASADENA

Un regalo de cumpleaños sabroso

"Fork Plaza", 200 Bellefontaine
pasadenasforkintheroad.blogspot.com
coffeegallery.com

El juego de palabras entre *fork* (tenedor) y *fork* (cruce), difícil de traducir en español, ha originado la instalación de una curiosa escultura de 5,5 metros de altura en Pasadena, sin la autorización de las autoridades competentes. El cubierto, que separa South Pasadena Avenue y South St John Avenue, preside con orgullo su parcela de tierra, tras haber sobrevivido a un serio lío judicial con la ciudad. Cabe decir que Bob Stane, a quien se iba a homenajear inicialmente con la instalación de este utensilio de cocina improvisado, es una persona extraordinaria. Pilar del folk (¿*fork*?) local, descubridor de numerosos talentos, también fue el fundador, a una edad en que otros se jubilan, de una sala de conciertos acústica con un encanto increíble, el Coffee Gallery Backstage, en Altadena. En pocos años, esta sala se ha convertido en uno de los lugares imprescindibles de la región. El tenedor, él, guarda muchos secretos...

En 2009, el artista Ken Marshall mandó construir este objeto de madera, pintado de color metálico, para los 75 años de su amigo Bob Stane. Una noche, un pequeño grupo de fans disfrazados de personal de limpieza de la red vial hizo un agujero para plantar el enorme regalo, que estaba fijado a una losa de hormigón y sujeto por una estructura de madera. La sorpresa no duró mucho porque el tenedor desapareció del cruce meses después, por orden del ayuntamiento de Pasadena. Tras obtener al fin los permisos necesarios, la escultura volvió a aparecer en 2011, motor de galas caritativas y de eventos relacionados con la "buena comida".

El recorrido de Bob Stane, a imagen y semejanza de su tenedor gigante y de este cruce, tampoco es una línea recta. Antes de su aventura musical y gastronómica, su hazaña más conocida y reconocida fue la legendaria *Ice House*, un club de la comedia que abrió con Willard Chilcott en 1960 en Pasadena, donde se descubrieron a muchos artistas, desde David Letterman hasta Jay Leno, desde Tom Waits hasta Steve Martin. Esto anima a los cómicos fans de situaciones absurdas, al menos tan absurdas como la de este tenedor clavado en un cruce, a venir a Los Ángeles.

LOS SECRETOS DE LOS CABELLOS DEL MONUMENTO DE JACKIE Y MACK ROBINSON ⑨

Sigue la mirada de los dos atletas... y mira de cerca sus cabellos

Jackie and Mack Robinson Memorial
101 Garfield Avenue, Pasadena

Dos hermanos criados en Pasadena, entre el instituto John Muir y la universidad local. Dos atletas excepcionales. Dos destinos diferentes... Defensor infatigable de los derechos cívicos, Jackie Robinson entró en la leyenda por derribar el muro de la segregación racial en la MLB (Major League Baseball) el 15 de abril de 1947 cuando entró a formar parte de los Dodgers de Brooklyn.

Fue Branch Rickey, director general del club, quien lo fichó cuando aún jugaba con los Monarchs (un equipo de las ligas afroamericanas) tras pasar por los Royaux de Montreal. El club puso fin a décadas de

segregación racial en este deporte. Desde 2004, la Liga de Béisbol le rinde homenaje todos los 15 de abril celebrando el "Jackie Robinson Day".

Aunque Matthew Robinson, llamado Mack, fue menos conocido y famoso que su hermano pequeño, no hay que olvidar que ganó, ante la mirada de Adolf Hitler, la medalla de plata de los 200 metros en los Juegos Olímpicos de Berlín en 1936 (colocándose cuatro décimas de segundo por detrás del indiscutible héroe de la carrera, Jesse Owens). De regreso a Pasadena, dedicó sus esfuerzos en, entre otras cosas, hacer bajar el índice de criminalidad en la ciudad.

El precioso monumento que les rinde homenaje desde 1997 se compone de dos imponentes estatuas de sus rostros, mirando cada uno en una dirección: Jackie con los ojos mirando al este, más concretamente hacia Brooklyn, distrito de Nueva York donde desempeñó gran parte de su carrera. Mack, él, mira hacia el Ayuntamiento, porque nunca se fue de Pasadena.

A primera vista, las esculturas de bronce no tienen nada de especial. Miden tres metros de alto y son plácidas y solemnes. No obstante, los escultores Ralph Helmick y John Outterbridge grabaron a propósito en los pelos de bronce de los atletas elementos, dibujos y anécdotas que solo se pueden apreciar desde muy cerca.

Si nos acercamos al pelo afro aparentemente "liso" de ambos hermanos, descubrimos en efecto, ocultos en sus cabellos metálicos, una superposición de minúsculos detalles, como tatuajes o un bajorrelieve intimista, que describen sus vidas. Sus principales logros, las fechas importantes, sus compromisos políticos y asociativos, sus discursos y otras imágenes icónicas de éxitos deportivos surcan ambos cráneos de bronce. Bajo el aspecto de consenso de un homenaje de la ciudad, la obra esconde una conmovedora manera de representar las batallas, a veces secretas y clandestinas, que Jackie y Mack Robinson llevaron a cabo por la igualdad de derechos, tanto en los terrenos de juego como fuera de ellos.

El de 15 de abril de 2017 otra estatua de Jackie Robinson se inauguró en las inmediaciones del Dodger Stadium, en Los Ángeles, para homenajear la carrera del jugador al celebrar los 70 años de su primer partido como profesional. El club de los Dodgers se mudó en 1957 de Nueva York a L.A., y Jackie pudo volver "a casa" para terminar su carrera. Fabricada en bronce, la estatua a escala 1:1 representa al atleta en plena acción mientras roba una base.

EL BARRIO
DE BUNGALOW HEAVEN

Una concentración sin precedentes de 800 casas
Arts & Crafts

Bungalow Heaven
Barrio delimitado al norte por East Washington Boulevard, al sur por Orange
Grove Boulevard, al oeste por North Lake Avenue y al este por North Hill Avenue
(+1) 626 585 2172; bungalowheaven.org
Calles abiertas todo el año, las casas se pueden visitar una vez al año,
generalmente en el mes de abril (consultar previamente la web)
Metro: Gold Line, parada Lake Station

En pleno Pasadena, a unos cientos de metros de la autopista 210, se esconde un barrio muy particular, formado por 800 casitas, cada cual más bonita, y que luce su nombre de maravilla: Bungalow Heaven,

el "paraíso de los bungalós". En realidad, son casas con características comunes. Situadas en calles arboladas, tienen la particularidad de haber sido construidas en el mismo periodo, en ese estilo *Arts & Crafts* tan inconfundible en California. Este movimiento arquitectónico ponía de manifiesto el acercamiento con la naturaleza, sobre todo mediante el uso de la madera y de la piedra, yendo a contracorriente de la galopante industrialización de principios del siglo pasado.

Amplias terrazas, numerosas columnas, espacios interiores muy abiertos, porches con acogedores aleros, a menudo de una sola planta y con techos a dos aguas como los de los chalés caracterizan este estilo que encuentra su quintaesencia tan americana en el hotel Ahwahnee (hoy The Majestic Yosemite Hotel), en el corazón del Parque Nacional Yosemite. También conocido como National Park Service rustic architecture o Parkitecture, recuerda más a las montañas que a los desiertos. En el interior, predomina la madera, con estanterías y varios muebles integrados en el diseño.

Hace ya diez años que el barrio, identificado con una placa que delimita su ubicación, pasó a formar parte del Registro Nacional de los Lugares Históricos, después de que, en 1989, Bungalow Heaven se convirtiera en el primer "lugar extraordinario" de la ciudad. Pero las dieciséis manzanas de casas, de claro interés turístico, son sobre todo un auténtico remanso de paz para sus residentes, quienes prácticamente disfrutan de una vida de pueblo y de una sólida comunidad. De hecho, su rincón del paraíso aparece con regularidad en la lista de los diez mejores lugares para vivir de Estados Unidos.

LAS LÁGRIMAS DEL MONUMENTO ⑪ AL GENOCIDIO ARMENIO

Una gota cada 21 segundos

162-172 East Walnut Street

Con una importante comunidad de más de un millón de personas en Estados Unidos (es la segunda mayor diáspora por detrás de la de Rusia), Armenia está especialmente presente en California del Sur, sobre todo en el valle de San Francisco, al norte de Los Ángeles. En Glendale, casi el 40 % de los 200 000 habitantes es de origen armenio, situando esta ciudad como la segunda más grande del mundo, después de la capital del pequeño país del Cáucaso, Ereván (1 millón de almas). Muchos de ellos proceden de familias que emigraron al otro lado del Atlántico a principios del siglo XX huyendo de las persecuciones turcas.

Aunque no es tan impresionante como el de Montebello, una torre de hormigón de 23 metros inaugurada en 1968 (unos treinta kilómetros más al sur), el monumento al genocidio de Pasadena, inaugurado en 2015 gracias a la labor de un comité muy comprometido, también conmemora la muerte de un millón y medio de armenios asesinados por el gobierno turco otomano, que en aquel entonces estaba liderado, entre 1915 y 1923, por el movimiento nacionalista de los Jóvenes Turcos.

Trípode metálico situado al borde del Memorial Park, cerca del Levitt Pavilion, la escultura, cual faro, corona un pozo que recibe cada 21 segundos una gota de agua que cae desde su punta, simbolizando en un año una lágrima por cada uno de los 1,5 millones de desaparecidos. Cada 24 de abril, muchísimas familias se reúnen delante del monumento para honrar la memoria de las víctimas, de las cuales una gran mayoría (mujeres y niños) fue enviada al desierto sirio a los campos de concentración, muriendo así de hambre y de calor. Reconocido el genocidio por parte de muchos países, los descendientes siguen luchando, desde todos los rincones del país, para que el gobierno turco también reconozca el carácter organizado de las masacres humanas. Aunque antes el monumento no era muy conocido, ahora está muy bien señalizado con varios carteles ubicados en los laterales de la autopista 210, una iniciativa que el Senado californiano aprobó en 2017.

EL PUENTE DE LOS SUICIDIOS DE COLORADO STREET

Un centenar de muertos en un siglo

504 West Colorado Boulevard
Colorado Street se llama ahora Colorado Boulevard. Para entrar al puente andando, tome la salida Orange Grove desde la autopista 135, diríjase al sur y gire en Green Street, luego en Grand Street. Hay un pequeño parque con árboles en una calle sin salida en el que se puede aparcar e ir caminando al puente. No está legalmente permitido detenerse en el puente con el coche

El Colorado Street Bridge, un puente enorme que durante años formaba parte de la mítica Ruta 66, cruza el río Arroyo Seco, entre la parte antigua de Pasadena y el barrio de Eagle Rock. Con sus 45 metros de altura, sus arcadas Beaux Arts y sus farolas tan características, la imponente construcción de 1912 ha sido declarada monumento histórico.

Sin embargo, a lo largo de los años ha adquirido cierta fama obligando a las autoridades locales a vestirlo con una valla alta de seguridad, que tapa una parte de las vistas, pero que sobre todo impide, en teoría, que los transeúntes... salten.

Aunque hay muchas ciudades en el mundo que tienen un tristemente

famoso "puente de los suicidios" al que, misteriosamente (o para estar seguros de no saltarse la salida) muchos de los locales acuden para morir, el de Colorado Street conoce una tasa de suicidios alarmante desde los años 1930. Un centenar de candidatos a una muerte segura se han tirado de él, el primero en 1919, y luego unos cincuenta entre 1933 y 1937 (durante la Gran Depresión), o la tragedia de 2008, cuando un hombre que apuñaló hasta la muerte a su exmujer y a su abuela decidió venir aquí a terminar con su propia vida.

A pesar de la valla, que data de 1993, lo siguen llamando por su apodo. Evidentemente, han surgido historias sobre fantasmas y espíritus que se aparecen en el puente repitiendo el salto al vacío delante de los transeúntes o de los indigentes asustados.

Abajo, a la sombra de los enormes pilares de cemento, el barrio de casas burguesas da una impresión de lujo tranquilo, aunque también de extrañeza. Visítelo en coche, al atardecer, tras haber paseado por el puente. No se librará de los escalofríos.

La ciudad de Pasadena que se toma muy en serio este asunto de los suicidios (a veces varias veces al mes), acaba de colocar una placa en la entrada del puente en la que se puede leer "*Hay esperanza*" ("There is hope") y un número de emergencias especializado para ayudar a los habitantes que piensan en el suicidio.

EAGLE ROCK

La roca con forma de águila

5499 Eagle Rock View Drive

Eagle Rock, barrio de L.A., situado entre Glendale y Pasadena, no es solo un barrio dormitorio tranquilo donde a las familias les gustan criar a sus hijos (y donde la lenta gentrificación, al igual que la de su vecino Highland Park, avanza). Tampoco es solo la cuna de la impresionante universidad Occidental College, situado en lo alto de su colina (donde un tal Barack Obama estudió dos años). Y si este barrio del noreste se llama así, es por una razón muy literal: su majestuosa roca con forma de águila, que se ve desde la autopista 2.

El animal, como grabado en la roca, alza el vuelo de distintas maneras según cómo se proyecte la luz. A algunas horas del día, casi se puede adivinar la cabeza entera de perfil. Otras veces, según las sombras que se proyectan, son las alas desplegadas las que vemos en el flanco de la roca. Desde finales del siglo XIX, se interesaron en el ave de granito, especialmente cuando Luis Salvador de Habsburgo-Lorraine, príncipe austríaco, dibujó por primera vez la roca conocida por los colonos españoles con el nombre de Piedra Gorda. "La Piedra Gorda, que domina el paisaje, es un conglomerado granítico, con, en un flanco, estratos paralelos que han definido claramente huecos en los que los gorriones han hecho su nido", escribió el príncipe en uno de sus cuadernos de exploración.

No fue hasta 1996 cuando la ciudad de Los Ángeles compró la roca, convertida desde entonces en un área de juegos para los senderistas y los montañistas. La senda Eagle Rock Canyon Trail, abierta en 2006, ofrece unas vistas increíbles de toda la cuenca, incluidos Catalina Island, Palos Verdes, Hollywood y Downtown, con el cielo despejado. Y quién sabe, desde esta roca del águila, tal vez vea al célebre pigargo de cabeza blanca, más conocido con el nombre de "águila de América" (*bald eagle*, el emblema de Estados Unidos), que acaba de volver a aparecer en California del Sur, tras haber estado en peligro de extinción durante años. Se han avistado decenas de ejemplares en el territorio urbano desde 2017, mientras migraban desde los Estados más al norte hacia los lagos de la región.

MUSEO DE ARTE POPULAR FINLANDÉS

Una visita escondida en la visita

Finnish Folk Art Museum – Pasadena Museum of History
470 West Walnut Street
(+1) 626 577 1660
pasadenahistory.org/tours/finnish-folk-art-museum; finlandiafoundation.org
Solo una visita guiada diaria de la mansión, de viernes a domingo a las 12:15 h
(duración aproximada: 1 h 15 min)
Entrada de pago
Incluye la visita prioritaria de la mansión Fenyes y de las exposiciones en curso.
A veces hay que pedir autorización a los guías para visitar el pequeño museo de
arte popular que está al lado
Cerrado festivos y el día después de Acción de Gracias

A veces, las apariencias engañan en L.A. Tras aparcar en medio de los árboles ante la bucólica entrada del Museo de Historia de

Pasadena, uno se espera que el Museo de Arte Popular Finlandés tenga la apariencia de una pequeña cabaña de madera con sauna y algunos elementos testigos de una inmigración lejana. Pero, cuando la guía voluntaria, Andrea Sossin Bergman, nos escolta hasta lo que parece más bien una réplica de la Casa Blanca que perteneció a una empresaria neoyorquina y a un entomólogo húngaro que se conocieron en Egipto, nos quedamos un poco confusos.

Todo cobra sentido cuando nos aclaran que con la entrada que hemos comprado se visita primero la mansión Fenyes, edificio de estilo Beaux Arts neoclásico convertido en 1970 en un museo dedicado a la ciudad de Pasadena y al valle de San Gabriel. Construida en 1906 por Robert Farquar para Eva Scott y su esposo Adalbert Fenyes, la impresionante residencia, situada en lo que aquí llaman Millionaire's Row ("la calle de los millonarios"), tiene muebles antiguos llegados del mundo entero y cuadros bellísimos.

¿Y qué pinta Finlandia en todo esto?

Leonora, apodada Babsie, lingüista y nieta del matrimonio Fenyes que se codeó con las celebridades autóctonas, conoció a Yrjo A. Paloheimo, un diplomático finlandés con quien se casó en 1946 y el primero en ejercer como cónsul del país escandinavo en el Sur de California. Tras dieciséis años como Consulado, la mansión volvió a ser una casa casi normal en la que el matrimonio vivió con sus cuatro hijos adoptivos, también finlandeses. Estos últimos fueron los que donaron la mansión a la ciudad de Pasadena.

Entre tanto, en 1949, el señor Cónsul, que echaba de menos su país, compró y envió a Pasadena un chalé de inspiración suiza que el político americano Arthur Flemming usó como garaje. Mandó añadir una sauna y lo convirtió en casa de invitados ocupándose él mismo del jardín y trayendo objetos pastorales del campo de su país natal cuando viajaba allí.

También creó una fundación, la Finlandia Foundation, que sigue manteniendo este encantador y modesto edificio que funciona como museo y cuya visita está incluida en la entrada. Situado a unos pasos de la grandiosa propiedad principal, el museo contiene numerosos utensilios y herramientas finlandeses, ropa de diario y alfombras confeccionadas por los campesinos locales. En medio del salón amueblado con sillas esculpidas a mano preside una chimenea abierta, llamada Takka, y soportes de metal para secar panes y carnes.

El contraste de este periodo de vida popular con la opulencia de la mansión adyacente es cautivador. Nota: la visita no siempre está incluida ya que la mayoría de los visitantes acuden para visitar solo la mansión Fenyes. No dude en mostrar su interés por el pequeño museo de arte popular a los guías, quienes estarán encantados de llevarle.

THE GAMBLE HOUSE

Un momento de belleza que trasciende la monotonía de la vida

4 Westmoreland Place
(+1) 626 793 3334; gamblehouse.org
Martes de 10:30 a 13 h, jueves, viernes y sábado de 11:40 a 15 h, domingo de 12 a 15 h
Cerrado lunes y miércoles.check website, only visits to exterior areas
"Brown Bag Tuesdays" los martes, donde puede llevar su propia comida, comer en la terraza de la casa y luego, a las 12:30 h, hacer una visita guiada corta de 20 minutos
Metro: Gold Line, parada Memorial Park

¡Atención, esto es una obra maestra! En Pasadena, la Gamble House es sin duda el testimonio más bonito de esta arquitectura al natural estilo *Arts & Crafts*, inspirada en los parques nacionales americanos y remedio a la industrialización de principios del siglo XX y a su omnipresente metal. En una versión más inaccesible, burguesa y grandiosa que el encantador y pequeño barrio de Bungalow Heaven

construido en el mismo estilo (ver pág. 185), este tesoro de madera es de visita obligada.

"Un momento de belleza que trasciende la monotonía de la vida", tal y como la describen sus fans, esta joya, situada en una pequeña colina verdosa a orillas del río Arroyo Seco, fue diseñada por los arquitectos locales Charles y Henry Green en 1908, por encargo de David Gamble (heredero del imperio de los productos de higiene y de belleza Procter & Gamble).

Muros, ventanas y detalles arquitectónicos acompañados de representaciones artesanales de hojas, ramas, flores e insectos típicos de este estilo de influencias igualmente japonesas, como se puede observar en las uniones de las vigas, las vidrieras y los faroles que visten la casa. La impresionante y original escalera merece por sí sola una visita. La terraza, abierta todos los martes, es ideal para un almuerzo rodeado de verde.

En 1966, cuando Cecil Gamble se enteró de que un potencial comprador mencionó la posibilidad de pintar la teca y de añadir toques de color blanco al edificio, quedó horrorizado y retiró en el acto la casa de la venta y la donó posteriormente a la ciudad de Pasadena y a la Escuela de Arquitectura de la USC (University of Southern California). Hizo bien.

© Cullen328

LA PRESA DE LA "PUERTA DEL DIABLO"

Una puerta al infierno, según la leyenda

Devil's Gate
123 Oak Grove Drive, La Cañada Flintridge
Desde Hahamongna Park (donde se puede aparcar), bordear a pie la autopista dirección sur, bajar las escaleras del puente. Una vez abajo, girar a la derecha y seguir el riachuelo a través de los arbustos, que a menudo tapan el acceso. Ya ha llegado. Ya no se puede entrar en el túnel, pero se puede ver en la entrada el rostro del diablo

No hace falta tener una imaginación desbordante para ver el perfil del diablo cuando llegas a los pies de esta presa abandonada situada entre Pasadena y La Cañada Flintridge. Sus orejas puntiagudas, su nariz de fauno, su mentón prognato, sus ojos hundidos y sus cuernos prominentes – no le falta nada – dibujados en el centro de la roca. Pero este lugar no es solo la cuna de una enorme piedra antropomórfica ligeramente aterradora.

Construida en los años 1920, la presa que domina este lugar pasó a ser años más tarde un punto de encuentro para muchos adeptos de las ciencias ocultas. El primero, y más famoso de entre nosotros en L.A., es Ron Hubbard, fundador controvertido de la cienciología, sistema de desarrollo personal seudocientífico (la dianética) convertido en movimiento religioso en 1953.

Hubbard y sus discípulos habrían organizado, en el túnel que pasa por debajo de la autopista (ahora clausurado con una reja), sesiones de espiritismo, con la esperanza de devolver a la vida una figura del anticristo... Siglos antes, el pueblo nativo de los amerindios Tongva atribuía el eco del agua que caía en esta garganta a los poderes del espíritu del coyote.

No han hecho falta muchas más historias aterradoras para que este lugar se haya ganado para siempre la fama de estar hechizado y maldito. Para algunas personas creyentes, Hubbard y su gente habrían abierto incluso las puertas del infierno. La leyenda de esta "puerta del infierno" cogió más fuerza hacia 1950 cuando varios niños desaparecieron no muy lejos de esta presa... Hubo que esperar trece años para que el trabajador ferroviario Mack Ray Edwards, un asesino en serie que por aquel entonces atormentaba la región, admitiera haberlos matado, confesando haber sepultado los cuerpos bajo el hormigón de la autopista 210 adyacente.

Desde entonces, esta presa seca, su diabólica piedra y su inquietante túnel siguen fascinando a los amantes de los fenómenos paranormales. Ron Hubbard falleció en 1986, pero la iglesia matriz de la cienciología, con su inconfundible fachada azul, sigue estando en Los Ángeles.

EL BOSQUE DE ÁRBOLES ANTIGUOS DE LOS JARDINES DESCANSO

Una flora ya presente en la época de los dinosaurios

1418 Descanso Drive, La Cañada Flintridge
(+1) 818 949 4200; descansogardens.org
Todos los días de 9 a 17 h

Este paseo por el corazón de los jardines más bonitos de la región es como viajar en el tiempo. Al pasado, para ser más exactos.

En cuanto uno gira a la izquierda para coger el camino que lleva a la zona alta de este parque construido en 1957 por un grupo de apasionados, los helechos son más densos, la vegetación más húmeda y la atmósfera más pesada, más tranquila y más hechizada. Una colección de cícadas, esas plantas entre palmera y conífera de misteriosas formas se yerguen como lo hacían 200 millones de años atrás en el periodo jurásico, en el trozo de tierra por el que caminaban los dinosaurios, luego los mamuts y los tigres con dientes de sable. Helechos arborescentes, ginkgos y secuoyas completan este bosque de árboles antiguos, descubierto en 2015 gracias a las donaciones de Katia y Frederick Elsea, que vivían en Cañada Flintridge, localidad situada a los pies de las montañas de Angeles National Forest, donde están los jardines.

Aunque mucha gente llama a menudo a los gerentes para deshacerse de sus voluminosas plantas, semejantes rarezas, de las cuales algunas ya no existen en estado salvaje, no suelen estar protegidas bajo un mismo techo. Las cícadas, según algunos paleobotánicos, habrían aparecido hacía el paleozoico, con más exactitud hacia el carbonífero, que abarca de - 354 a - 323 millones de años. Gracias a una técnica de dormancia de semillas en caso de cambio climático importante, las plantas, que no dan flores, tienen la capacidad de permanecer durmientes durante miles de años, antes de despertar cuando las condiciones climáticas vuelven a ser suaves. En medio de este laboratorio de plantas antiguas, uno se siente humilde y pequeño, mientras admira la fortaleza de carácter de estas luchadoras procedentes de distintos continentes (África, Asia, América y Oceanía), antes de proseguir su camino hacia los rincones más tradicionales de Descanso Gardens, que incluye, entre otros, una rosaleda, un jardín japonés, una colección de camelias, un bosque de robles, plantas endémicas de California y un jardín de flores comestibles.

EL OBSERVATORIO
DEL MONTE WILSON

Alberga telescopios legendarios

Mount Wilson Road, Angelus National Forest
(+1) 626 440 9016; mtwilson.edu
De lunes a viernes de 10 a 17 h, sábado y domingo de 8:30 a 17h
Abril a noviembre 10 a 7 h, diciembre a marzo 10 a 16 h
Cerrado en Acción de Gracias y Navidades
Visitas guiadas sábado y domingo a las 13 h
Observaciones por el telescopio previa cita únicamente
Café abierto de abril a septiembre solo en fin de semana de 10 a 17 h

Aunque el Observatorio Griffith es uno de los lugares de obligada visita en Los Ángeles, su frenesí turístico puede resultar a veces desconcertante. Bastante más reducido, el del Monte Wilson, al norte de Pasadena (1742 metros de altura), es una alternativa idónea para los auténticos amantes de los cielos estrellados. Apartado de la ciudad, el observatorio goza de unas condiciones climatológicas mucho más propicias para la observación astronómica. Pilar de la cosmología moderna, su leyenda lo precede. Fue aquí donde en 1929 el astrónomo americano Edwin Hubble (padre de la teoría del Bing Bang) descubrió el fenómeno de expansión del universo, conocido como ley de Hubble-Lemaître. Fundado por George Ellery Hale en 1904, el observatorio también alberga el telescopio Hooker, que, con sus 2,5 metros de diámetro, es desde hace muchos años el más imponente del mundo.

"Aquí, durante la Primera Guerra Mundial, Harlow Shapley midió el tamaño de la Vía Láctea por primera vez y ubicó la posición de la Tierra dentro de ella, lejos del centro", se puede leer en la web del observatorio, en la que abundan informaciones apasionantes, como el lugar en sí donde se organizan regularmente conferencias, visitas guiadas temáticas e incluso conciertos de música clásica dentro de la cúpula. Cerca de aquí, hay muchos senderos que ofrecen unas vistas impresionantes de las montañas de San Gabriel.

El queso francés que viajó al espacio

SpaceX
Rocket Road, Hawthorne
(+1) 310 363 6000; spacex.com
Las visitas de la empresa solo están autorizadas a personas acompañadas por un trabajador de la empresa SpaceX

En 2010, una rueda de queso Brouère, queso de vaca francés originario de los Vosgos, alcanzó el estatus de leyenda tras orbitar en secreto la Tierra dos veces durante un vuelo de prueba de la nave espacial Dragon, de la empresa estadounidense de transporte aeroespacial SpaceX. "Si te gustan los Monty Python, te encantará nuestro secreto", explicó su CEO, Elon Musk, antes de confesar haberse inspirado en un sketch en el que John Cleese entra en una quesería y solo pide comprar productos de nombres improbables... antes de llegar a la conclusión de que la tienda solo vendía quesos. Desde entonces, el queso (que lleva una etiqueta de una vaca con botas de lluvia, cartel de la película de 1984, Top Secret!) está expuesto en las oficinas de SpaceX. Los empleados son los únicos que pueden admirarlo cada día, por lo que hay que ser amigo de uno de ellos para poder entrar en el edificio.

EL PASEO
"BRIDGE TO NOWHERE"

Un puente que lleva a ninguna parte

Camp Bonita Road
San Gabriel Mountains National Monument, Azusa
Siempre abierto

Como el senderismo es un estilo de vida en Los Ángeles, no es nada sorprendente que la gente local y los turistas no se conformen con recorrer los parques de la ciudad de cabo a rabo los fines de semana.

Aunque muchos son fieles a sus costumbres y van a las rutas de Griffith Park donde se cruzan con famosos en leggins en Runyon Canyon Park, otros prefieren rutas menos transitadas. La caminata "Bridge to Nowhere", muy poco conocida por su difícil acceso, aunque popular para algunos aguerridos angelinos, ofrece una opción diferente al noreste de la cuidad. Son unos 15 km ida y vuelta con 270 metros de desnivel y los senderistas disfrutan de distintos paisajes, pasando del bosque al cañón antes de llegar al punto más alto, el famoso "puente a ninguna parte".

Para hacer esta ruta de casi seis horas, hay que llevar muy buen calzado, protección solar y un permiso, gratuito, que se recoge en la estación East Fork Ranger o en Heaton Flats Trail Canyon. Durante el recorrido, los senderistas tienen que cruzar el río y poner a prueba su equilibrio sobre unos troncos o saltar de roca en roca. Bordeando el río, hay un sendero con sitio donde pararse a comer algo o a bañarse, según el nivel del agua. Hay otra alternativa, un sendero más bucólico en las alturas, donde pueden observar plantas crasas, yucas y flores salvajes. Porque todos los caminos – y se han multiplicado – llevan al *Bridge to Nowhere*.

Su nombre es bastante explícito ya que el puente con arcos lleva literalmente a ninguna parte. Construido en 1936, formaba parte de un proyecto destinado a unir Azusa, una ciudad del condado de Los Ángeles, con Wrightwood, situado a 1808 metros, por las montañas de San Gabriel. Pero en 1938, una inundación destruyó los caminos que los unían, dejando intacto el puente. No se pudieron reconstruir los caminos por falta de financiación.

Al final del recorrido, los senderistas descubrirán los vestigios de este East Fork Road. Sin tráfico alguno, el puente se ha convertido en el destino favorito de los amantes del puénting (solo los fines de semana), ya que es el único sitio para practicarlo en toda California.

MOUNT BALDY ZEN CENTER

El centro zen donde Leonard Cohen se convirtió en monje budista

Mount Baldy Zen Center
429 Mount Baldy
(+1) 909 985 6410; mbzc.org

En el extremo este del condado de Los Ángeles, justo en la frontera con el condado de San Bernardino, los abetos de Angeles National Forest protegen el Mount Aldy. Antes de llegar al resort, la estación de esquí ubicada en este monte pelado sin árbol alguno, nos cruzamos con unos caminos de senderismo increíbles, como el famoso Bridge to Nowhere, un puente que no va a ningún sitio (ver pág. 202).

Pero esta misteriosa montaña también sirve de refugio al MBZC, el Mount Baldy Zen Center, un monasterio donde se practica el budismo Rinzai, una de las tres escuelas de budismo zen. Adquirido en 1971 por Kyozan Joshu Sasaki, un *roshi* (maestro zen japonés) nacido en 1907, el conjunto de pequeñas cabañas de madera, un antiguo campamento scout, se convirtió en el principal templo de la región.

Protegido de las miradas curiosas durante muchos años, conoció su momento de gloria cuando, el cantante y poeta canadiense Leonard Cohen, tras pasar varias estancias de corta duración, se unió a él en 1993 para realizar un largo retiro de seis años durante el cual se ordenó

© LinSu Hill de Whittier

monje. "Cuando dejas de pensar constantemente en ti mismo, te invade un sentimiento de tranquilidad", declaró entonces, confesando haber pasado treinta años de su vida estudiando budismo zen antes de dar el paso. Con el nombre de Jikan, el artista cocinaba, limpiaba... y meditaba en silencio". Levantarse a las 3 de la mañana para limpiar los baños del centro o quitar la nieve que se acumulaba delante de las puertas también formaba parte del programa.

Víctima de una depresión crónica, terminó por dejar el centro en 1999, sin dejar nunca de infundir en sus álbumes una espiritualidad judía inquieta y obsesionada por la muerte. Semanas antes de fallecer en noviembre de 2016, declaró a la revista *The New Yorker* que por aquel entonces no buscaba una nueva religión, sino más bien "una forma de disciplina, una manera de endurecerse, una especie de investigación sobre sí mismo".

Cuando describía los crudos inviernos en el centro, aclaraba que: "La gente cree que un monasterio es un lugar de serenidad y contemplación, y no es verdad, es más bien un hospital donde la gente viene a aprender a hablar o a caminar (...) y en el que quejarse es la respuesta menos apropiada para cualquier sufrimiento". Una lección de vida que le acompañó hasta el final.

Ahora, las condiciones han evolucionado un poco, pero el centro sigue sin ser un campamento de vacaciones: se respetan al pie de la letra los preceptos de la filosofía budista zen Rinzai (se siguen levantando a las 3 de la mañana durante los retiros).

Fuera de temporada, es decir en primavera y en otoño, el centro se puede alquilar para realizar retiros, conferencias y seminarios.

© LinSu Hill de Whittier

LOS RESTOS DE LA "COLONIA SOCIALISTA" DE LLANO DEL RIO COLLECTIVE

Una utopía comunitaria en un inhóspito desierto

Llano, California
(+1) 916 445 7000
ldrg.wordpress.com
Accesible siempre
Entrada libre

Al norte de Angeles National Forest, la carretera que va de Santa Clarita a Las Vegas deja entrever, a unos treinta kilómetros al sureste de Palmdale, una inesperada hilera de chimeneas de piedra que, rodeadas de muros rotos por los estragos del tiempo, dibujan la silueta de un pueblo.

Uno piensa primero que es un viejo hotel abandonado, o una especie

de ciudad fantasma de la que habrían huido repentinamente sus últimos habitantes, asustados un día por este clima tan árido… De hecho, esta tierra yerma albergó durante algunos años una de las utopías más sorprendentes (y cortas) del siglo XX.

Hay que imaginarse, hace más de 100 años, hasta 1500 personas viviendo pobremente, primero en 200 tiendas, luego en barracones construidos con piedras extraídas en este mismo lugar, alrededor de un centro comunitario cuyas imponentes chimeneas son sus últimos vestigios. Con el impulso de Job Harriman, varias veces candidato socialista no electo al gobierno de California y al Ayuntamiento de Los Ángeles, cientos de familias se mudaron a partir de 1914 a este rincón desierto (pero con un pozo de agua cerca), con la idea de fundar una sociedad que siguiese los preceptos de compartir y de ayudarse mutuamente.

Cada aspirante residente adquiría un trozo de parcela a cambio de trabajo comunitario. "Construiremos una ciudad y casas para muchas familias sin hogar", prometió Job Harriman, "Le mostraremos al mundo que se puede vivir sin guerra, sin avaricia, sin alquilar una casa y sin necesidad de especular."

Durante un año, su sueño socialista (o comunista, según) sobrevivió como pudo, gracias a un amigo banquero complaciente y a turistas curiosos. Pero las asambleas generales que supuestamente tenían que gestionar esta comunidad idealista tomaron rápidamente tintes de ajustes de cuentas contra el "patriarca" omnisciente: los granjeros vecinos empezaron a quejarse del uso intensivo de la única fuente de agua y la prensa local no veía el proyecto con buenos ojos. Luego, la vida dura y el confort espartano hicieron el resto: a partir de 1915, la mitad de las familias, desilusionadas, abandonaron este "rancho" de infortunio. Algunas incluso interpusieron demandas contra Harriman.

La otra mitad de irreductibles consiguieron sin embargo establecer, hasta 1917, una minisociedad relativamente equilibrada, bajo la forma de un pueblo autónomo. Desde la tienda de comestibles hasta la lavandería, desde la fábrica de jabones hasta la biblioteca, desde la enfermería hasta la carpintería, pasando por supuesto por la escuela (inspirada en el método de Maria Montessori), todos los oficios estaban representados. El escritor Aldous Huxley, autor de *Un mundo feliz*, visitó la comunidad en calidad de vecino y escribió un elogioso artículo.

Pero esta segunda luna de miel también fue corta. El acceso al oro azul al estar el nervio de la guerra en esta parte del mundo, la negativa de las autoridades californianas a construir una presa para retener el agua (y asegurarse así unas buenas cosechas), fue el golpe de gracia contra la utopía de Job Harriman. Este acabo mudándose a Luisiana, abandonando a los últimos habitantes a su triste suerte… los cuales tampoco aguantaron mucho. A principios de1918, ya no quedaba un alma.

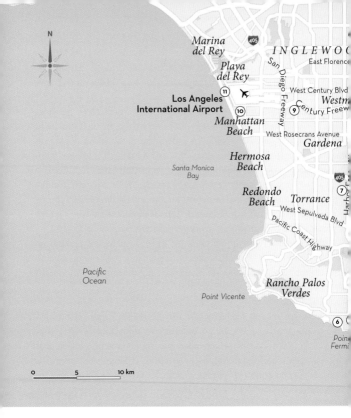

Sur de L.A.

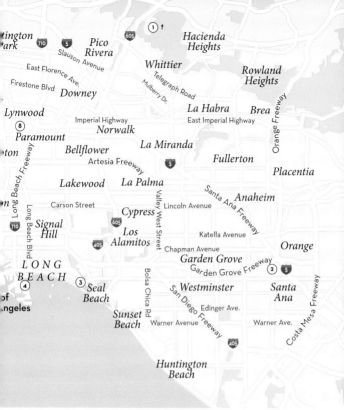

VINELAND DRIVE-IN THEATER

La nostalgia al estilo de L.A.

443 N. Vineland Ave.
City of Industry, CA 91746
vinelanddriveintheater.com
(+1) 626 961 9262
feedback@vinelanddriveintheater.com
7 días a la semana, las puertas se abren a las 19:00 h, el espectáculo comienza
al anochecer

City of Industry, una enorme zona industrial y comercial que sirve de nodo urbano, es una zona sin encanto que alberga sin embargo el Vineland Drive-In, uno de los pocos autocines que quedan en el sur de California.

Abierto desde el 15 de abril de 1955, transciende las épocas y las modas del séptimo arte. El director Juan González aguanta bien con su equipo y ha conseguido conservar las cuatro pantallas de este enorme complejo. Lógicamente muchas cosas han cambiado con el tiempo, pero la experiencia sigue siendo esencialmente la misma que hace 60 años, cuando el autocine abrió sus puertas para su primera sesión. Afortunadamente, los altavoces que vociferaban en los vehículos han desaparecido. Ahora, la banda sonora suena en la radio (en el dial 107.7 FM), permitiendo que cualquier autorradio se conecte a la experiencia cinematográfica, una satisfacción personal y colectiva a la vez.

Los Ángeles está envuelta de cierta nostalgia que a veces toma la forma de un amor por los coches grandes cromados, las mini hamburgueserías *drive-in* y los batidos de fresa. En una época en que la cultura del automóvil todopoderosa en L.A. está en declive, queda por ver si este amor va por buen camino. El coche siempre ha estado en el centro de muchas tradiciones en la ciudad. El cine al aire libre es de hecho uno de los pocos lugares de interacción donde la película va por detrás de la experiencia humana.

Cuando la industria cinematográfica anunció el fin de las proyecciones en 35 mm a favor del formato digital, la noticia cayó como un jarro de agua fría para muchos de los autocines del país. Con un coste de 80 000 $ por pantalla digital, la suerte estaba echada para el Vineland. Afortunadamente, su economía ha aguantado. El establecimiento se modernizó en junio de 2013, y por primera vez en su historia, las entradas del Vineland se agotaron enseguida. La tradición de dejarse embrujar por la magia de Hollywood bajo las estrellas sin salir de tu coche se perpetúa por el módico precio de nueve dólares por cabeza. Por unas pocas monedas, puedes llevar a la familia, invitar a toda tu pandilla o acurrucarte bajo una manta con tu otra mitad y entregarte a este ritual con encanto de otra época que consiste en pasar tu sábado noche viendo dos películas por el precio de una.

EL ÓRGANO HAZEL WRIGHT DE LA "CATEDRAL DE CRISTAL"

Un instrumento único dentro de una increíble arquitectura

Christ Cathedral
13280 Chapman Avenue, Garden Grove
(+1) 714 971 2141; christcathedralcalifornia.org
Sábado a partir de las 15:30 h y domingo todo el día

②

Esta sorprendente mega catedral y su impresionante órgano no están técnicamente en Los Ángeles, ni siquiera en el condado con el mismo nombre, sino en el condado de Orange, más al sur, en Garden Grove.

En el año 2011 la iglesia católica romana adquirió Crystal Cathedral – una mega catedral que perteneció a Robert Schuller, un telepredicador muy famoso de los años 80 –, la reformó y reabrió en julio de 2019 con el nombre de Catedral de Cristo. Una cruz metálica de 500 kilos, un altar de mármol de Carrara y unos paneles que reflejan la luz han transformado la iglesia en un edificio brillante por dentro y por fuera. Todos los sábados y domingos se celebran misas en inglés, español, vietnamita y chino.

Durante la reforma tuvieron el buen gusto de no añadir un órgano demasiado moderno: el órgano Hazel Wright, ubicado dentro de la catedral, que ya de por sí es excepcional, es uno de los más imponentes del mundo y la atracción principal del lugar. El órgano, que diseñaron e instalaron en 1977 los Fratelli Ruffatti, se compone de 17 000 tubos sobre 270 rangos, todo controlado por la consola más grande jamás fabricada.

Durante el cambio de imagen de la catedral, enviaron el órgano a Italia para su reparación y regresó cuatro años después para sonar de nuevo en su casa, donde tardaron más de un año en instalarlo. "Los tubos estaban llenos de termitas y de insectos", contaba hace poco a la prensa John Romeri, el organista de la diócesis. "Las magníficas trompetas estaban carcomidas. Algunos tubos se habían derretido o se habían caído a causa del calor". Ahora el órgano está a salvo en un espacio antisísmico y climatizado donde también se controla la humedad.

Fue Arvella Schuller, la esposa del súper pastor mediático, quien, en aquella época, insistió en que instalasen en la iglesia un instrumento espectacular que se pudiese ver durante las retransmisiones televisivas semanales. Los organistas Virgil Fox y Fratelli Ruffatti insertaron el órgano que habían enviado a NY en otro órgano, igual de imponente, que estaba en la iglesia local de Garden Grove.

En aquel entonces, se pudo hacer esta mezcla gracias a los dos millones de dólares que donó Hazel Wright, benefactora de Chicago y muy fan de *Hour of Power*, el show de una hora de duración que se retransmitía todas las semanas en directo desde la Crystal Cathedral. El órgano lleva su nombre desde entonces. Tras la reforma, que costó 58 millones de dólares, la Iglesia católica supo asegurar la perpetuidad de un edificio y de un instrumento musical únicos en su género.

EL CANAL CIRCULAR
DE RIVO ALTO

Elegancia californiana e influencia italiana

Naples Island, Long Beach
californiabeaches.com/naples-california

os canales de Venecia, justo detrás de la famosa playa con el mismo nombre, son hoy unos de los destinos favoritos de los turistas, que a veces los descubren por casualidad cuando se alejan de la agitada costa para ir al modernísimo Abbot Kinney Boulevard (nombre del promotor inmobiliario de esta parte de la costa), pero, 55 kilómetros más al sur, bordeando el océano hacia el puerto de Long Beach, hay una joya mejor conservada que ganaría sin duda el concurso a la tarjeta postal más perfecta para ilustrar la vida en California del Sur.

Situado en el barrio-isla de Naples, al este de la ya encantadora Belmont Shore, Rivo Alto, canal circular, alberga el parque y las casas más chics de la región, rodeados por una mini playa que, además de ser fotogénica y sin pretensiones, es increíblemente tranquila.

Las casas de arquitectura variada, así como los nombres con reminiscencias italianas, van apareciendo a medida que uno pasea por donde todo no es más que "lujo, tranquilidad y voluptuosidad" (junto con una potente cuenta bancaria para poder vivir en esta isla). Al este, desde Naples Plaza Park, las vistas a Península y a Marina son impresionantes. Además, el estuario que separa Long Beach y Seal Beach también marca la frontera entre el condado de Los Ángeles y el de Orange.

Este sueño de cualquier promotor inmobiliario, erigido sobre un pantano, empezó a construirse en 1903 cerca de la bahía artificial de Alamitos Bay, en la desembocadura del río San Gabriel, y quedó terminado en 1920, pero fue destruido por el terremoto de 1933, y reconstruido después. Evidentemente, con toda su fantasía de reproducir (aún hoy) una pequeña Venecia californiana de contornos perfectos, una única empresa ofrece paseos y cenas en góndola como en Italia, camisetas de rayas y gondoleros incluidos, pero estos últimos son lo bastante raros para perturbar su descubrimiento a pie de este increíble vecindario donde pocos turistas vienen a perderse.

Además, a diferencia de los canales de Venecia, aquí se puede hacer kayak o paddle surf e incluso bañarse. Una joya de serenidad.

LOS BISONTES EN LIBERTAD DE CATALINA ISLAND

Una manada de figurantes

(+1) 310 510 1445
catalinaconservancy.org
Abierto todo el año. El ferry Catalina Express va y viene cada dos horas desde Long Beach, dos veces al día desde Dana Point (cinco veces al día en verano) y tres veces al día desde San Pedro (cada hora en verano)
74 $ ida y vuelta para los adultos, 58 $ para los niños menores de 11 años
Se aconseja pasar una noche en la isla, en uno de los hoteles de Avalon

El destino de los 150 bisontes pastando tranquilamente en el centro de la isla Santa Catalina parece uno de esos escenarios que solo la alocada industria cinematográfica local sabe crear.

Mezcla de raza salvaje y vacas mansas, Hollywood trajo a los bisontes en 1924 para que hicieran de... figurantes. Efectivamente, las únicas especies endémicas de esta isla situada a 35 km al oeste de San Pedro son las ratas, las ardillas, los zorros, los pájaros y algunos invertebrados.

Así pues "importaron" a estos mamíferos para el rodaje de *The Vanishing American*, un wéstern pro-amerindio de George B. Seitz (que tuvo su *remake* en los años 1950, *La sangre manda*, con Scott Brady). La ironía del destino es que cortaron los *rushes* en el montaje y no se ve ni una cola de bisonte en toda la película.

Aunque casi 100 años después los bisontes viven en libertad en la isla, son mansos y se han convertido en una de las atracciones principales, a saber, en el escaparate de Catalina. La organización de protección de la isla, la Catalina Island Conservancy, se encarga de las manadas desde 1972, regula su población e informa sobre el bienestar y la importancia de la presencia de estos animales, ofreciendo *ecotours* concienciadores a los turistas que se aventuran hasta la isla (los coches están prohibidos).

El secreto está a salvo porque estas tierras salvajes, que están bajo estrecha vigilancia, acogen un número relativamente limitado de visitantes al año.

150: si el número es tan preciso es porque corresponde a la cantidad de bisontes que la isla puede albergar, sin perjudicar al resto de su fauna y de su flora. El programa de natalidad retomó en 2009 por lo que podrá ver a algún recién nacido corretear cerca de su madre, durante un paseo inolvidable y alejado, muy alejado, del bullicio de la ciudad-mundo.

LOS VESTIGIOS DE LA BATALLA DE LOS ÁNGELES

Una peligrosa ofensiva durante la Segunda Guerra Mundial global

Angels Gate Park
3601 S. Gaffey Street, San Pedro, CA 90731
Abierto desde el amanecer hasta el atardecer

Un curioso espectáculo espera al explorador urbano que se aventura hasta el borde de los acantilados del parque Angels Gate y echa un vistazo abajo: unas escaleras de hormigón llevan a una profunda estructura semicircular que recuerda a un anfiteatro. Son los vestigios de la batería de Osgood-Farley, construida entre 1916 y 1919 para defender el puerto de Los Ángeles y el fuerte MacArthur. Sus potentes cañones retráctiles de 35 centímetros podían lanzar un proyectil de 700 kilos a más de 22 kilómetros de distancia en el canal de Catalina, pero sus ráfagas, que hacían temblar todo, e incluso hacer saltar en pedazos las ventanas de las casas de alrededor, resultaron ser sobre todo un problema. En vísperas de la Segunda Guerra Mundial ya estaban obsoletos.

A pesar de la ineficacia de estos grandes cañones, Angels Gate era un punto tan sumamente estratégico que reforzaron su artillería en la Segunda Guerra Mundial. Instalaron pequeños cañones antiaéreos para proteger los lugares importantes a lo largo de las costas. Lejos de los campos de batalla, permanecieron mudos la mayor parte del conflicto, con una excepción: la noche del 24 de febrero de 1942, los cañones tronaron con todas sus fuerzas. En lo que se conoció como "la batalla de Los Ángeles", lanzaron más de 1400 obuses antiaéreos de 5,5 kilos contra objetos no identificados en el cielo.

Unos obuses lanzados desde un submarino contra una refinería de Santa Bárbara dejaron la costa oeste en estado de shock. Unas luces brillantes avistadas en el cielo a lo largo de las costas obligaron a decretar el toque de queda. Los radares de la DCA detectaron unos objetos volantes y, sobre las 3 de la madrugada, los cañones abrieron fuego en un estruendo que se escuchó en todo Los Ángeles. Aunque varios testigos declararon haber visto unos aviones, ninguna bomba se lanzó sobre la ciudad y ningún avión fue abatido. ¿Quién era entonces el enemigo? Los aparatos avistados que se avistaron en el cielo siguen siendo un misterio, aunque algunos documentos recabados a posteriori por testigos más fiables apuntaban a un culpable más creíble: unos globos meteorológicos, utilizados por los equipos radar de Santa Mónica para probar su nuevo equipamiento, que habrían acabado a la deriva. Los nervios del entorno hicieron el resto.

La desproporcionada reacción de aquella noche de 1942 fue objeto de todas las críticas, burlas y parodias posibles, especialmente en la famosa comedia excéntrica de Steven Spielberg, *1941*. Aunque hoy parezca ridículo, el miedo y la paranoia fueron muy reales en Los Ángeles durante la Segunda Guerra Mundial. En el sur, unas viejas ventanas pintadas de negro y algunas fortificaciones de hormigón en las costas dan testimonio de ello. Pocos son los lugares que puedan explicar bien el nivel de preparación de Los Ángeles en la guerra como el parque Angels Gate y el museo vecino del fuerte MacArthur.

LA CIUDAD SUMERGIDA DE SAN PEDRO

Un barrio engullido por el mar

500 West Paseo Del Mar, San Pedro

La enorme bahía de Santa Mónica engloba la mayor parte de la costa del Pacífico del condado de Los Ángeles, que va desde Malibú hasta Long Beach. En su extremo sur, Point Vicente y Point Fermin (donde hay un precioso faro) albergan Palos Verdes y San Pedro, quizá los lugares más encantadores y auténticamente californianos de esta tentacular ciudad donde el ritmo a veces agota a visitantes y locales, sobre todo cuando están atrapados en los atascos. Aquí, en San Pedro, a pesar de estar cerca de uno de los puertos más grandes del país, se vive más despacio.

Cuando haya visitado el faro y la Korean Friendship Bell, no deje de ir a un sitio que, aunque fue testigo del deslizamiento de tierras de 1929 que se llevó por delante casas y aceras, se ha convertido en un sitio de peregrinación para adolescentes románticos, para amantes de las fotografías preciosas del atardecer, para grafiteros animados por los retos, y, cada vez más, turistas amantes de la exploración urbana (urbex).

Oficiosamente se le conoce como *Sunken City*: la ciudad sumergida.

A saber, un trozo de la ciudad engullida por el salvaje tumulto del océano, bungalós y demás casas pegadas al acantilado, y una parte del parque, construidos en los años 1920, habrían desaparecido al lento ritmo de treinta centímetros al día si no los hubieran trasladado sabiamente... 4000 m^2 devueltos al mar.

No quedan más que algunos muros derrumbados – dos casas que no pudieron salvarse –, tejados, trozos de acera, restos de vías de tren y palmeras rebeldes que se pueden ver desde la carretera, detrás de la barrera que las autoridades locales mandaron construir para evitar accidentes. Obviamente, los curiosos se la saltan, con el riesgo de pagar 1000 dólares de multa por ir a jugar con el vacío y admirar el paisaje desde más cerca.

Llueven las peticiones para que abran el acceso por completo, al menos durante el día, aunque la policía patrulle de noche, sobre todo desde que esta "ciudad sumergida", que técnicamente sigue estando en un parque público, apareció en varias ocasiones en anuncios, películas, programas de televisión o vídeos de *skaters*. Sin embargo, hasta que encuentren una solución duradera, el ayuntamiento se ha visto obligado a cerrar el acceso tras recibir quejas de los vecinos por las fiestas nocturnas y las agresiones. Hoy, dado el poco poder de disuasión de la barrera, están considerando una opción. "Estamos trabajando con el Departamento de Parques y Recreación, con ingenieros y otros servicios de la ciudad" declaraba recientemente un consejero municipal, "para crear y adoptar un plan para limpiar partes de la Sunken City para que sea más segura y se convierta en una parte legal de Point Fermin Park".

EL PUEBLO BÁVARO
DE TORRANCE

"Un trozo de Alemania en California del Sur"

Alpine Village
833 West Torrance Boulevard, Torrance
(+1) 310 327 4384
alpinevillagecenter.com
Pueblo, mercado y café abiertos de lunes a jueves de 10 a 19 h, viernes, sábado
y domingo de 9 a 19 h

Little Persia, Koreatown, Little Tokyo, Historic Filipinotown, Little Armenia... En un condado tan variopinto como el de Los Ángeles, donde la diáspora de cada país ha ido trayendo poco a poco su cultura a barrios bien definidos, no es sorprendente encontrar mercados que ofrecen especialidades de comunidades del mundo entero. No obstante, aparte de Chinatown y de Little Tokyo, la nostalgia no es tanta como para reproducir las proezas arquitectónicas y paisajísticas de cada país.

Aunque algunas personalidades alemanas invirtieron en Brentwood y en Pacific Palisades tras la llegada de Adolf Hitler al poder en 1933 (Thomas Mann, Bertolt Brecht, Fritz Lang...), no existe un barrio alemán propiamente dicho en L.A. Y sin embargo...

Desde 1968, hay un curioso lugar donde los germanófonos y germanófilos reciben su dosis de nostalgia. Y no solo durante la *Oktoberfest*, la ahora mundialmente conocida Fiesta de la Cerveza que se celebra el primer sábado siguiente al 15 de septiembre, en Múnich y otros lugares. Desde las inconfundibles salchichas hasta los pasteles "locales", pasando por las joyas y los recuerdos, el mercado se abastece de productos europeos que no hay en otros sitios.

Pero obviamente lo que aquí interesa no es el *shopping*: este concentrado cultural del sur de Alemania incluye divertidos ejemplos de arquitectura alpina, que contrastan enormemente con el aspecto *strip mall* sin encanto de los alrededores, muy cerca de la autopista 110.

Alpine Village, abierto todos los días del año, es la copia exacta de un pueblo bávaro con iglesia, balcones y patios típicos, en cuyo centro hay tiendas pequeñas que ofrecen a los curiosos productos importados. En peligro de demolición por un promotor tras varios años de capa caída (restaurante cerrado definitivamente en abril de 2020, un Oktoberfest 2019 más restringido, una clientela reducida y envejecida...), el condado de Los Ángeles ha decidido declarar este pueblo monumento histórico.

CEMENTERIO DE ANGELES ABBEY MEMORIAL PARK

La réplica de la cúpula del Taj Mahal, de una mezquita...

1515 East Compton Boulevard, Compton
(+1) 310 631 1141
Todos los días de 8 a 16:30 h

*L*os intocables de Eliot Ness, *Alias*, *Constantine*, *JAG*... En los años 1990 y 2000, muchas películas y series de Hollywood utilizaron como decorado el cementerio de Compton. Sin embargo, en las escenas en las que sale no se muestra esta zona desfavorecida del sur de Los Ángeles, sino calles de Casablanca, del Cairo, de Calcuta o de cualquier lugar indefinido supuestamente ubicado en Oriente Medio, incluso, aún menos preciso, en

Asia. Y con razón. El cementerio de Angeles Abbey Memorial Park, con su réplica de la cúpula del Taj Mahal, encomendada por el armador George Craig en 1923 (que mandó a la India a dos de sus empleados en busca de inspiración), no se parece en nada a una necrópolis americana tradicional. Sus cuatro mausoleos mezclan influencias bizantinas, moriscas y españolas con el estilo mogol de las criptas y de la cúpula, representativas del famoso palacio de Agra, combinando elementos arquitectónicos otomanos, iranís e indios. En el interior, la influencia islámica es aún más evidente, con sus bóvedas de azulejos.

Paradójicamente, hay una capilla, con un órgano viejo y decrépito en su interior, que está dentro de uno de los mausoleos de mármol blanco. Sus vidrieras son una reproducción de *El Ángelus*, emotiva pintura de Jean-François Millet que se puede admirar en el Museo d'Orsay, en París. Con un conjunto tan heterogéneo, podríamos estar en cualquier país del mundo.

Tal y como lo recuerda David Reid en su novela muy personal *Sex, Death and God in L.A.*, "no hace tanto de aquellos tiempos en los que era un problema encontrar una parcela para enterrar un cuerpo negro en Los Ángeles. En algunos barrios había leyes que impedían estos entierros [en los cementerios reservados a los blancos, N. del A.] hasta 1966. Las familias afroamericanas en luto viajaban en tranvía con el féretro hasta el cementerio Evergreen, al este de la ciudad". Poco después de inaugurar el cementerio en 1923, este terreno era, por así decirlo, un trozo de campo donde las familias blancas se trasladaron a vivir, lejos de la bulliciosa L.A. y del puerto de Long Beach. Pero la ciudad de Compton tuvo una historia difícil, cuando el empobrecimiento, la aparición de bandas callejeras y la corrupción cambiaron poco a poco la ciudad, convertido en islote de la clase media negra (en los años 60 y 70), en un gueto de mala reputación y con una criminalidad galopante, una de las más altas de Estados Unidos. El culmen de esta trágica historia fueron los disturbios de 1992, que, aunque no se iniciaron aquí, se extendieron con mucha rapidez.

Desde hace tres generaciones, la familia Sanders, con Jean a la cabeza en la actualidad, gestiona uno de los mayores cementerios históricamente negros del país, en una ciudad cuya población es ahora mayoritariamente latina. Y Compton, más antigua que en el pasado, sigue cambiando lentamente de aspecto. Y el "falso Taj Mahal" sigue ahí.

PLACA DE LA CASA DE LA INFANCIA DE LOS BEACH BOYS

Para sentir las "Good Vibrations"

Beach Boys Historic Landmark
3701 West 119th St, Hawthorne

Al sudeste del aeropuerto LAX, situada entre las autopistas 405 y 105, la ciudad de Hawthorne, llamada así por el escritor norteamericano Nathaniel Hawthorne, representa muy bien el lado vulnerable del mundo residencial del condado de Los Ángeles, luciendo incluso en su escudo el lema "City of Good neighbors" ("Ciudad de buenos vecinos").

Aquí, cerca de la actual Century freeway, como llaman a la Interestatal 105, crecieron unos hermanos músicos que, además de revolucionar la historia de la música, unieron de manera intrínseca su éxito al del Estado de California a través de la música surf muy de moda a principios de los años 1960: los Beach Boys.

Brian, Carl y Dennis Wilson vivían con sus padres en una casa situada en una urbanización, que ya no existe y donde hay un monumento que les rinde homenaje relativamente lejos de las playas que les dieron a conocer. Junto con Mike Love, su primo, y Al Jardine, un amigo, los bulliciosos rubios compusieron aquí sus primeros sencillos, como *Surfin'*, en una época en que sus álbumes rebosaban de himnos a la buena vida y a las chicas tumbadas en la arena, muchos años antes de que Brian Wilson crease un pop mucho más profundo y deslumbrante.

El monumento (una reproducción de ladrillos rojos y azulejos blancos de la portada del álbum *Surfer Girl* de 1963) se construyó en 2004, décadas después de que las excavadoras dibujaran la autopista. De hecho, la California State Historic Resources Commission tuvo que someter a votación, con la ayuda de Rock and Roll Hall of Fame, la decisión de que este pequeño espacio fuese declarado lugar histórico dedicado a la genialidad de un grupo único.

El día que se inauguró el monumento, Brian Wilson y Al Jardine fueron allí para tocar dos canciones ante 800 fans extasiados.

El sitio, modesto, está en el corazón de una zona residencial donde viven centenares de familias, y con pocas plazas de aparcamiento, por lo que es recomendable hacer una visita rápida y discreta.

OLD TOWN MUSIC HALL

Un órgano centenario amenizando antiguas películas mudas

140 Richmond Street, El Segundo
(+1) 310 322 2592
oldtownmusichall.org
Abierto durante las representaciones, generalmente viernes y sábado sobre las 20 h, y sábado y domingo sobre las 14:30 h (programa completo disponible en la web indicada más arriba)
Entradas a la venta solo en taquilla

U n auténtico viaje en el tiempo empieza cuando abrimos las puertas del Old Town Music Hall, situado en el corazón del centro de El Segundo, un municipio pegado al aeropuerto de LAX, y que, aunque es muy bonito, es más de lo que aparenta tras su aspecto tranquilo. Detrás de la fachada verde que recuerda a un salón del viejo Oeste modernizado, hay un viejo vestíbulo anticuado y justo después un pequeño teatro decorado en rojo y con enormes candelabros, como en un wéstern.

Desde 1968, esta sala de cine única solo proyecta películas clásicas del cine mudo y sonoro. También acoge conciertos de jazz y de *ragtime*, gracias al gigantesco órgano Mighty Wurlitzer de 2600 tubos, el más imponente jamás construido por la Rudolph Wurlitzer Company, una empresa de Cincinnati que lo fabricó en 1925.

El teatro ofrece, entre otras cosas, ciclos de El Gordo y el Flaco o un festival de clásicos de terror (en torno a Halloween), conferencias con especialistas de películas de animación clásicas o incluso retrospectivas de Fred Astaire o de Los tres chiflados, y todo ello amenizado en directo por un organista.

Cuando las películas no son mudas, se tocan algunos fragmentos antes de cada sesión. En diciembre, se celebra un karaoke y se cantan alrededor del Wurlitzer las canciones de Navidad más emblemáticas de la cultura americana. No puede ser más típico y original.

En este equipo de apasionados que gestionan el Old Town Music Hall a través de una asociación sin ánimo de lucro, se elaboran minuciosamente deliciosos macarrones de coco que se venden en la caja en vez de las sempiternas palomitas. Cuestión de saborear hasta el final este paréntesis en el tiempo.

SURFRIDGE, UNA CIUDAD ABANDONADA

Restos de un pueblo fantasma

Entre Vista del Mar y Pershing Drive, CA 90293
Aeropuerto LAX

Los usuarios del aeropuerto internacional de Los Ángeles (LAX)
habrán visto los vestigios de un antiguo complejo residencial
abandonado que bordea las pistas de despegue al noroeste. Se trata del
antiguo Surfridge, un barrio fantasma desde hace unos cuarenta años.
Solo quedan como testigos de la vida que hubo aquí unas ruinas de
hormigón y algunos carteles y farolas. Se cuenta que, hasta hace poco,
las farolas todavía se encendían.

El auge de la aviación comercial después de 1945 y la expansión de
LAX hacia los barrios vecinos explican el abandono de Surfridge. Tres
nuevas pistas dejaron las casas justo debajo de las rutas aéreas y la ciudad
de Los Ángeles ejerció su derecho de expropiación comprando el complejo
residencial cara a las nuevas ampliaciones del aeropuerto. De 1965 a 1979,
se demolieron 800 casas y 2000 habitantes tuvieron que mudarse.

El legado de Surfridge sigue siendo incierto. Con sus vistas despejadas,
albergaba a los más ricos de la ciudad, como el director de cine Cecil B.
DeMille. Para algunos, aquello era un paraíso, un símbolo de los ideales

románticos del sueño californiano: casa de estilo colonial de estuco, palmeras que se mecían en la brisa marina, a dos pasos de la playa.

Pero para otros, este barrio escondía el pasado segregacionista de la ciudad: cuando se construyó en los años 1920, Surfridge estaba reservado a los blancos. La escritura de compraventa del complejo estipulaba las restricciones para las personas que "no son completamente de raza caucásica, a excepción de los empleados de los propietarios residentes". Las casas no se libraban de la estricta normativa: prohibido el uso de maderas y fachadas solo de estuco. Este "ideal" de la vida californiana dependía de las normas.

El ayuntamiento y el aeropuerto propusieron distintos proyectos de reforma en los años 1980, pero se toparon con la Comisión Costera de California. El destino ha querido que Surfridge sea el hábitat de El Segundo azul, una mariposa en peligro de extinción. Desde que la descubrieron, la reserva de mariposas creada por el Ayuntamiento en Surfridge ha permitido recuperar la especie y han pasado de ser 500 a 125 000 mariposas. Gracias también a la Comisión Costera, 20 hectáreas han recuperado su estado natural.

A pesar del ruido intermitente de los aviones, la gente sigue ocupando Surfridge, convertido en el refugio inesperado de grupos informales de autocampistas que aparcan en las calles antaño elegantes. La reciente demolición de aceras y calles, y el regreso progresivo de la salvia, de la amapola y de hierbas de las dunas han convertido Surfridge en el símbolo de algo raro en Los Ángeles: la derrota del sector inmobiliario.

....
....
....
....
....
....
....
....
....
....
....
....
....
....
....
....
....
....
....
....
....
....
....
....
....
....
....
....
....
....

Thomas Jonglez

Fue en septiembre de 1995, en Peshawar, Paquistán, a 20 kilómetros de las zonas tribales que visitaría días más tarde, cuando a Thomas se le ocurrió poner sobre el papel los rincones secretos que conocía en París. Durante aquel viaje de siete meses desde Pequín hasta París, atraviesa, entre otros países, el Tíbet (en el que entra clandestinamente, escondido bajo unas mantas en un autobús nocturno), Irán, Irak y Kurdistán, pero sin subirse nunca a un avión: en barco, en autostop, en bici, a caballo, a pie, en tren o en bus, llega a París justo a tiempo para celebrar la Navidad en familia.

De regreso a su ciudad natal, pasa dos fantásticos años paseando por casi todas las calles de París para escribir, con un amigo, su primera guía sobre los secretos de la capital. Después, trabaja durante siete años en la industria siderúrgica hasta que su pasión por el descubrimiento vuelve a despertar. En 2005 funda su editorial y en 2006 se marcha a vivir a Venecia. En 2013 viaja, en busca de nuevas aventuras, con su mujer y sus tres hijos durante seis meses de Venecia a Brasil haciendo paradas en Corea del Norte, Micronesia, Islas Salomón, Isla de Pascua, Perú y Bolivia.

Después de siete años en Rio de Janeiro, vive ahora en Berlin con su mujer y sus tres hijos.

La editorial Jonglez publica libros en nueve idiomas y en 40 países.

AGRADECIMIENTOS

Los autores quieren agradecer a todos los angelinos (ya sean amigos, conocidos o personas a las que han conocido en breves y valiosos encuentros) por ayudarles a elaborar esta guía con sus excelentes consejos. Un agradecimiento especialmente cariñoso a Sandra Cazenave por su apoyo.

CRÉDITOS

Todos los textos y fotos son de Félicien Cassan y Darrow Carson, salvo indicación contraria, así como:

Textos:
Zac Pennington: El Triforium, Music Box Steps, Museum of Jurrassic Technology
Sandra Cazenave: Paseo por Los Angeles River, La granja de Walt Disney, Paseo « Bridge to Nowhere »
Albert Lopez: Vineland Drive-In Theater y Vestigios de la Batalla de Los Ángeles
Michelle Young: Surfridge, una ciudad abandonada

Fotos:
Zac Pennington: El Triforium, Music Box Steps, Museum of Jurrassic Technology (foto de izquierda)
Mike Hume: Detalles olvidados de la fachada del Million Dollar Theatre, Secretos de los cabellos del monumento de Jackie y Mack Robinson, Vestigios de la Batalla de Los Ángeles.
James Bartlett: Celluloid Monument
Sandra Cazenave: Paseo por Los Angeles River, La granja de Walt Disney, Paseo « Bridge to Nowhere »
Catalina Island Conservancy: Bisontes en libertad de Catalina Island
Michelle Young: Surfridge, una ciudad abandonada

Cartografía: Cyrille Suss - **Maquetación:** Emmanuelle Willard Toulemonde - **Traducción:** Patricia Peyrelongue - **Corrección de estilo:** Anahí Fernández - **Revisión de estilo:** Lourdes Pozo - **Edición:** Clémence Mathé

Síguenos en Facebook, Instagram y Twitter

© JONGLEZ 2022
Depósito legal: Enero 2022 – Edición: 01
ISBN: 978-2-36195-352-2
Impreso en Bulgaria por Dedrax